KUNST UND KULTUR FÜHRER INGOLSTADT

VON KINDERN FÜR KINDER

von Beate Diao

AJA

KUNST UND KULTURFÜHRER INGOLSTADT
– VON KINDERN FÜR KINDER ist ein Projekt der KUNST UND KULTUR GARAGE in Zusammenarbeit mit dem STADTMUSEUM INGOLSTADT, dem Kinderportal der Stadt Ingolstadt KIDNETTING.DE und der THEATERPÄDAGOGIK DES THEATERS INGOLSTADT.

Mitwirkende Schulen und Einrichtungen:
Johann-Michael-Sailer-Schule · Gnadenthal Mädchenrealschule
Gnadenthal-Gymnasium · Christoph-Scheiner-Gymnasium
Grundschule an der Lessingstraße · Grundschule Ringsee
Grundschule an der Ungernederstraße · Pius-Treff · Reuchlin-Gymnasium
Frohnhofer-Realschule · Katharinen-Gymnasium · Wirtschaftsschule
Johann-Freiherr-von-Ickstatt-Realschule · Kunstwerk im Klenzepark
Johann-Nepomuk-von-Kurz-Schule · Hort auf der Schanz
Hauptschule an der Stollstraße · Apian-Gymnasium · Fronte79

Mit freundlicher Unterstützung
der Bürgerstiftung Ingolstadt
Stadtwerke Ingolstadt
Fahrrad Willner
Betz Beteiligungsgesellschaft mbH

INHALTSVERZEICHNIS

Das Projekt — 4

Von der Steinzeit zu den Römern — 6
Die Städte des Ingold — 8
Villa Ingoldesstat — 9
Ingolstadt auf dem Weg zur Stadt — 12
Die erste Stadtumwallung — 16
Ingolstadt erhält das Stadtrecht — 22
Das Stadtwappen — 26
Die zweite Stadtmauer — 31
Die Ingolstädter Linie — 38
Die Universität — 52
Und das sollen wir glauben — 64
Die Jesuiten — 66
Die erste Landesfestung — 72
Die Pest in Ingolsstadt — 78
Plagegeister der Menschheit — 82
Das letzte Jahrhundert der Universität — 84
Ingolstadt wird wieder Landesfestung — 92
Protestanten in Ingolstadt — 103
Fortschritt macht das Leben leichter — 104
Der erste Weltkrieg — 109
Es geht wieder bergauf — 110
Die Weltwirtschaftskrise — 111
Der Nationalsozialismus in Ingolstadt — 112
Langsam geht es wieder bergauf — 118
Die Stadt wächst — 124
Berühmte Ingolstädter — 136

Kunst und Kultur in Ingolstadt — 140
Museen in Ingolstadt und Umgebung — 153

Rätsel: Lösungssatz — 172

DAS PROJEKT

KINDER ILLUSTRIEREN INGOLSTÄDTER STADTFÜHRER

Ende 2007 entstand die Idee, einen Stadtführer für Kinder zu entwickeln. Geplant war, die Geschichte der Stadt und Ihre Sehenswürdigkeiten zu beschreiben. Alle Illustrationen sollten von Kindern gemacht werden. Also machte ich mich daran, Bücher über Ingolstadt zu wälzen und bemerkte schnell, dass sich über 1000 Jahre Geschichte nicht auf wenigen Seiten erzählen lassen. In den Kursen der KUNST UND KULTUR GARAGE begann ich mit den Kurskindern, die wichtigsten Bauten und Persönlichkeiten in verschiedenen Techniken zu zeichnen und zu malen. Da der Kunst und Kultur Führer möglichst viele Kinder ansprechen sollte, nahm ich Kontakt zu allen Schulen und Einrichtungen für Kinder und Jugendliche auf. Jede teilnehmende Schule/Einrichtung konnte sich eine Sehenswürdigkeit aussuchen. Diese sollte von den Kindern kurz beschrieben und in einer beliebigen Technik illustriert werden.

Bei meinen Recherchen erhielt ich sofort volle Unterstützung vom Team des Ingolstädter Stadtmuseums, das mich jederzeit mit Informationen und Bildmaterialien versorgte. Durch die beiderseitige gute Zusammenarbeit konnte das erste Projekt, ein eigenes Kinderwappentier, für Ingolstadt entstehen: das Ingolstädter Phan-Tier SCHANZI, das an mehreren Aktionstagen von Kindern gebaut und bemalt wurde und jetzt alle Kinder im Stadtmuseum begrüßt.

Gleichzeitig entstand eine Kooperation mit dem Internettportal für Kinder der Stadt, kidnetting.de, die den Stadtplan erarbeiteten und viele Inhalte des Kulturführers in einem interaktiven Stadtplan im Netz veröffentlichten.

Auch die Theaterpädagogik des Stadttheaters beteiligte sich an der Illustration der Geschichte. In Zusammenarbeit mit der Kunst und Kultur Garage wurde der gesamte Zeitabschnitt des Nationalsozialismus und dem Wiederaufbau mit Szenenfotos aus einem Theater-Workshop mit Kindern illustriert.

Die restlichen Bilder zur Geschichte der Stadt Ingolstadt entstanden in den Kursen der Kunst und Kultur Garage. Über zwei Jahre zeichnete und malte das Stadtführer-Team Szenen und Gebäude aus der Stadtgeschichte und brachte viele Ideen und Vorschläge zur Entwicklung des Buches. Besonders diese Kinder haben entscheidend zum Gelingen des Kunst und Kulturführers beigetragen und daher möchte ich mich hier noch einmal besonders bei meinem spitzen Stadtführer-Team bedanken:

Josefine Arndt, Alina Bergmann, Sara Betz, Isabella Böhner, Malik Diao, Katrin Feichtmaier, Lukas Heidenreich, Vroni Königer, Kathi Kürzinger, Vroni Kürzinger, Victoria Kolb, Sarah Reisnecker, Elena Schneider, Amani Schumm, Otto Schwarz, David Sieblitz, Paul Steinhilber, Elia Tyroller.

Seine abwechslungsreiche Vielfalt verdankt das Buch den zahlreichen Schulen und Einrichtungen, die die Sehenswürdigkeiten der Stadt illustrieren und beschreiben. Hier gilt mein Dank den engagierten Lehrern und Leitern und natürlich vor allem den Schülern und Schülerinnen!

GESCHICHTE

VON DER STEINZEIT ZU DEN RÖMERN

Nach der letzten Eiszeit vor 12.000 Jahren gab es bei uns riesige Wälder und Sümpfe. Dort lebten viele Tiere, wie z. B. Wildschweine, Hirsche, ja sogar Bären, Wölfe und Elche. Die Donau floss damals in vielen verzweigten Armen durch die Gegend von Ingolstadt. Der stärkste und breiteste Flussarm war vermutlich die Sandrach. Sie fließt heute durch Manching und führt immer noch Donauwasser mit sich.

Menschen gab es im Ingolstädter Raum schon viele Jahrtausende, bevor unsere Stadt gegründet wurde. Bereits in der Altsteinzeit bewohnten sie Höhlen im Altmühltal, schlugen aber auch ihre Zelte auf der flachen Ebene auf. Das erste Metall, das sie kennen lernten, war Bronze.

Vor einigen Jahren gruben Forscher eine wunderschöne Kette aus der Bronzezeit aus. Sie war in einen Tontopf gelegt worden und wurde dann an einem Bach – dem Augraben – vergraben. Sie besteht aus fast 3.000 kleinen und großen Bernsteinen. Weshalb man dieses Bernsteincollier vergraben hatte, weiß man heute nicht mehr genau. Vermutlich wurde es den Göttern geopfert.

In der Keltenzeit, vor über 2.300 Jahren, entstand in Manching eine kleine Siedlung, die sich schließlich zu einer der größten keltischen Städte Europas entwickelte. Das Oppidum von Manching – so wird die Keltenstadt genannt – wurde von einer über sieben Kilometer langen Stadtmauer umschlossen, von der heute noch Reste sichtbar sind. Die Kelten verließen das Oppidum, noch bevor die Römer in unsere Gegend kamen.

Die Römer haben bei uns viele Spuren hinterlassen. Nachdem sie das Alpenvorland erobert hatten, errichteten sie in Oberstimm – nicht weit von Manching

entfernt – ein Kastell. Dort lebten nun Reiter- und Fußsoldaten. Sie kontrollierten von Oberstimm aus die damalige Grenze: die Donau. Hierzu bauten sie zwei Kriegsschiffe aus Holz, die heute im Kelten-Römer-Museum Manching zu bestaunen sind.

Vor über 60 Jahren begannen Archäologen in der Umgebung Manchings mit Ausgrabungen. Sie brachten Tausende Fundstücke ans Tageslicht: Werkzeuge, Waffen, Schmuck, Geschirr, Knochen, sogar den größten keltischen Goldschatz des 20. Jahrhunderts und ein geheimnisvolles goldenes Kultbäumchen. In mühevoller Arbeit wurden die einzelnen Teile, die oft nur aus Scherben oder Metallsplittern bestehen, wie ein Puzzle zusammengesetzt und erforscht. So weiß man heute viel mehr über die Geheimnisse, die Gewohnheiten und das tägliche Leben der Kelten und Römer.

RÄTSEL 1

Das Bernstein-Collier

Bei diesem Rätsel ist dein Forschergeist gefragt: Aus welchem Material ist der hier abgebildete Beinschmuck, der zusammen mit dem Collier gefunden wurde?
Du findest die Antwort im Stadtmuseum in einer Vitrine in der Nähe des Bernstein-Colliers!

_ _ _ N B _ _ _ _ _ E
4   6   10   3   28   18   22

Trage die nummerierten Buchstaben in den Lösungssatz ein.

GESCHICHTE

DIE STÄTTE DES INGOLD

Viele Leute glauben, der Name Ingolstadt leite sich von Goldstadt her. Wahrscheinlicher ist jedoch, dass er auf einen Anführer der Bajuwaren oder Franken zurückzuführen ist. Vielleicht hat sich ein Mann namens Ingold aus der berühmten Adelsfamilie der Agilolfinger um 500 n. Chr. hier an der Donau niedergelassen. Wo er genau wohnte, wissen wir bis heute nicht. Denn niemand hat es damals aufgeschrieben.

Archäologen, die alte Fundstücke ausgraben, können vielleicht eines Tages dieses Geheimnis lüften. Falls sie einmal Gräber mit wertvollen Grabbeigaben oder Reste von Werkstätten entdecken, in denen edler Schmuck hergestellt wurde, dann könnten Ingold und seine Nachkommen nicht weit davon entfernt gewohnt haben. Vielleicht gehörte eine vergoldete Fibel – eine Art Brosche oder Sicherheitsnadel – einem Mitglied von Ingolds Familie. Die Forscher fanden dieses Schmuckstück vor einigen Jahren am Rathausplatz. Jemand hat diese wertvolle Fibel wohl um das Jahr 800 n. Chr. verloren.

Doch könnte Ingold auch in Feldkirchen gewohnt haben. In diesem kleinen Ort östlich von Ingolstadt lebten bereits die Römer und bewachten dort einen wichtigen Weg über die Donau.

Früher bezeichnete man einen festen Wohnsitz mit Schiffsanlegestelle an einem Fluss als „statt". Als Namensendung findest du die Bezeichnung heute auch noch bei Eichstätt und dem heutigen Ober- und Unterhaunstadt.

So wurde aus dem Wohnsitz Ingolds schließlich die „Stätte des Ingold". Vor 1.200 Jahren hieß unsere Stadt „Villa Ingoldesstat" und war ein wichtiger Stützpunkt der fränkischen Herrscher an der Donau. Im Laufe der Jahrhunderte entstand aus Ingoldesstat der jetzige Name Ingolstadt.

VILLA INGOLDESSTAT

Schriftlich erwähnt wurde unsere heutige Stadt das erste Mal 806 n. Chr. als „Villa Ingoldesstat". Damals legte Kaiser Karl der Große (747–814) fest, wie seine Nachfolger das riesige Frankenreich nach seinem Tode regieren sollten. Es ist verwunderlich, dass Karl unser kleines Ingolstadt extra erwähnte. Denn er war Herrscher über ein sehr großes Land, das von Nordspanien bis Norddeutschland reichte. Ingolstadt muss ihm sehr wichtig gewesen sein.
35 Jahre später schenkte sein Enkel Ludwig der Deutsche (806–876) große Teile Ingolstadts seinem Kanzler Gotzbald († 855), der Abt von Kloster Niederaltaich war. Jahrhundertelang blieben die Äbte von Niederaltaich Herren über Ingolstadt.

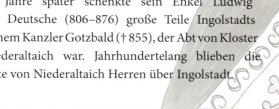

Karl der Große

Karl der Große aus dem Geschlecht der Karolinger war König des Fränkischen Reiches und wurde 800 n. Chr. von Papst Leo III. († 816) zum Römischen Kaiser gekrönt.

In der damaligen Zeit wurden in vielen Teilen Europas Bildung und Religion vernachlässigt und große Teile der Bevölkerung fielen in barbarische Gebräuche und ins Heidentum zurück.

Karl der Große verstand sich als Beschützer des christlichen Glaubens und wollte wieder Ordnung herstellen. Bildung, Kunst und Architektur waren ihm sehr wichtig. Unter seiner Regierung wurden viele neue Bistümer gegründet oder durch Schenkungen erweitert. Gegenüber seinen Feinden und den Gegnern des christlichen Glaubens kannte er keine Gnade.

MORITZKIRCHE

Die St. Moritzkirche ist die älteste Kirche der Stadt Ingolstadt und Umgebung. Die ältesten sichtbaren Gebäudebestandteile gehen auf das Jahr 1234 zurück. An der Kirche kann man zwei Türme sehen. Der schwere und plumpere gehört zur Kirche. Seinen romanischen Baustil verwendete man schon vor dem 13. Jahrhundert. Der zweite Turm, ein schlanker, gotischer und mehrfach veränderter Wachturm, gehört der Stadt. Es ist der so genannte Pfeifturm. Von hier aus hielten die Türmer früher nach Feuer oder Feinden Ausschau. Die St. Moritzkirche kann man unter anderem über die Arkadengänge unter dem Alten Rathaus betreten.

Auch das Innere der Kirche ist baugeschichtlich sehr interessant. Die dreischiffige gotische Basilika stammt aus dem 13. Jahrhundert. Der gesamte Innenraum ist frühgotisch mit wuchtigen Pfeilern und Kapellen in den Seitenschiffen. Besonders eindrucksvoll müssen die Rokokodekorationen gewesen sein, welche auf Johann Baptist Zimmermann zurückgingen. Sie wurden zusammen mit barocken Fresken um 1888 entfernt. Die geschnitzten Figuren des hl. Mauritius und des hl. Gereon auf dem Hochaltar stammen von Josef Anton Breitenauer. Das frühere Gemälde des Hochaltars könnt ihr an der linken Chorwand sehen. Auf ihm ist die Enthauptung des hl. Mauritius dargestellt. Auf ihn geht übrigens auch das Ingolstädter Stadtwappen zurück.

Text: Isabella

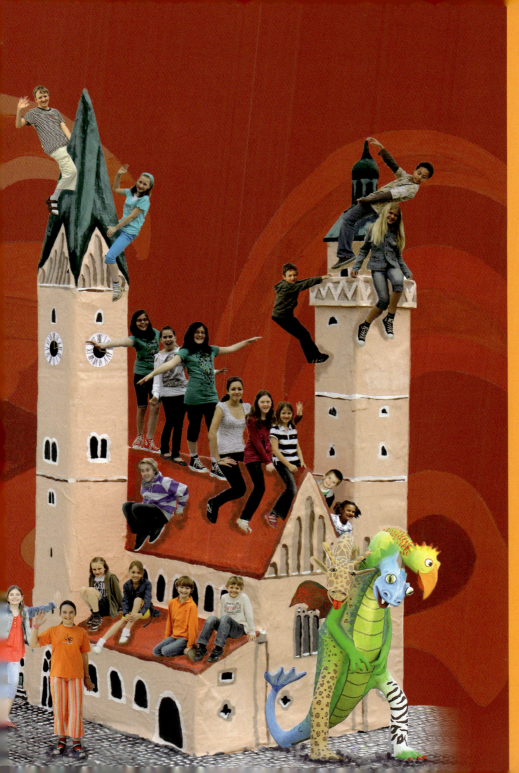

GESCHICHTE

MORITZKIRCHE

Eines der ältesten Bauwerke in unserer Stadt ist die Moritzkirche. Sie wurde um 1234 errichtet. An ihrer Stelle stand jedoch wahrscheinlich schon zur Zeit von Karl dem Großen eine Kirche. Sie war der heiligen Maria und Sankt Salvator, also Christus als Erlöser, geweiht. An der Pfarrschule der Moritzkirche lernten Buben bereits im 14. Jahrhundert singen, lesen, schreiben, rechnen und die lateinische Sprache.

INGOLSTADT AUF DEM WEG ZUR STADT

Im Jahr 1242 ging die Vogtei über das Kloster Niederaltaich an Herzog Otto II. von Wittelsbach (1206–1253). Damit wurde er zum Schutzherrn über die Ländereien, die vom Kloster verwaltet wurden.

DIE VOGTEI

Der Kaiser oder König ist Herrscher über ein riesiges Land. Und dort gibt es unzählige Städte, Dörfer, Klöster und Burgen. Auf die kann er natürlich nicht ständig selbst aufpassen. Doch was soll er tun, wenn plötzlich ein Feind angreift?
Hierfür setzt er Untertanen ein, die ihm beim Schutz all dieser Orte helfen. Häufig sind das Adelige, die an diesen Orten wohnen. Sobald sie eine Vogtei erhalten, nennt man sie Vogt.
Somit wurde Herzog Otto II. von Wittelsbach 1242 der Vogt des Klosters Niederaltaich und passte fortan auf, dass dort alle in Frieden leben konnten.

Nach seinem Tod 1255 wurde Bayern zwischen seinen beiden Söhnen aufgeteilt. Heinrich XIII. (1235–1290) bekam Niederbayern, sein Bruder Ludwig II. (1229–1294) regierte über Oberbayern und somit auch über Ingolstadt.

Die damaligen Herzöge hatten keinen festen Wohnsitz. Sie reisten ständig durch ihr Land, um ihre Untertanen besser kontrollieren zu können. Natürlich wollten sie in der Stadt, in der sie sich gerade aufhielten, auch eine standesgemäße Unterkunft haben. Aus diesem Grund ließen sie in Ingolstadt ein Herzogsschloss errichten, das ihr unter dem Namen „Herzogskasten" vielleicht schon kennt.

Das Wort „Kasten" leitet sich nicht von der Form des Gebäudes ab, sondern von seiner späteren Nutzung als Speicher. Das Schloss war nicht nur Herberge der Fürsten. Hier wurden auch Zölle und Abgaben eingesammelt.
Damals mussten die Bürger einer Stadt ihre Steuern nicht mit Geld bezahlen, sondern lieferten einen Teil ihrer Ernte ab. Dieser wurde in großen Getreidespeichern gelagert. Jeder, der ein richtiger Bürger werden wollte, musste diese Abgaben leisten. Erst dann hatte er Rechte und konnte auch öffentliche Ämter übernehmen.
Der erste Ingolstädter Bürger, auch „civis" genannt, der schriftlich erwähnt wird, ist Heinrich Trost mit seiner Frau Gertrud. Seit 1254 bewirtschafteten sie den Haupthof des Klosters Niederaltaich in Ingolstadt.
Wie bereits erwähnt, zahlten Bürger anfangs nicht mit Geld. Für die Herzöge aber wurden damals in Ingolstadt schon Münzen geprägt. Aus dieser Zeit ist jedoch nur ein einziger Silberpfennig erhalten. Auf ihm sind ein Einhorn und die Buchstaben ING abgebildet.

Der Handel mit Waren entwickelte sich immer mehr. Einer der wichtigsten war hierbei der Handel mit Salz. Auch mit Wein oder Eisen wurden Geschäfte gemacht. Kam also ein voll beladenes Schiff die Donau heruntergeschippert, so mussten die Schiffsleute erst einmal Zoll bezahlen. Aber auch auf dem Landweg konnten die Händler sich nicht einfach an Ingolstadt vorbeischleichen, ohne vorher ihre Zollgebühren zu zahlen. Durch diese Einnahmen und den ständig wachsenden Handel nahm der Reichtum der Stadt stetig zu.

Abgebildet sind Linoldrucke, Originalgröße ca. 30 x 25 cm, die wir nach eigenen Entwürfen vor Ort gestaltet haben.

1 Wie heißt dieses sehr alte Gebäude **H**, das hinter der Stadtmauer hoch aufragt?

Sein steiler *Treppengiebel* ist für die gotische Bauweise (ca. 1200-1500) typisch: „himmelstrebend"

2 Wer ließ dieses Gebäude errichten?

3 Welchen Beinamen trug der Erbauer, dessen Blick <u>wir</u> uns so vorgestellt haben?

4 Wie alt schätzt du das Gebäude?

5 Welcher besondere Raum **K** verbarg sich früher hinter dem Erker **E**?

6 In welchem Stockwerk findest du das Fenster **D2**, das Fenster **D1** und das Gebälk **D3**?

7 Schaust du aus dem Fenster **D2**, siehst du gegen Westen den Turm **P**. Er heißt?

8 Zu welcher Einrichtung führt heute dieser Treppenaufgang **S**? Was befindet sich im Kellergewölbe

Lösungen
1 Herzogskasten oder Altes Schloss
2 bayer. Herzog Ludwig
3 der „Strenge"
4 ca. 800 Jahre
5 Kapelle
6 Dachgeschoss
7 Pfeilturm
8 Stadtbücherei Theater

Johann-Michael-Sailer-Schule

8 Schüler /-innen der Klasse 3/4

ophia, Marina, Leon, Hanni, Paulina, Hannah, Nina, Marlene, Franziska (Grundkurs „Zeichnen und rucken", Malwerkstatt, Johann-Michael-Sailer-Schule Klasse 3/4); Seitenlayout: Ellen Wittmann

GESCHICHTE

DIE ERSTE STADTUMWALLUNG

Je mehr der Reichtum der Stadt zunahm, umso mehr musste man diese vor Eindringlingen schützen. So wurde unter der Regierung Herzog Ludwigs II. (1253–1294) die erste Stadtumwallung errichtet. Die ebenfalls in dieser Zeit erbaute Franziskanerkirche und das Kloster Gnadenthal lagen außerhalb der Stadtbefestigung.

Die etwa 1,5 km lange Mauer hatte vier Ecktürme (Rundturm, Striegelturm, Glockenturm, Judenturm) und vier Tore. Wie die Mauer jedoch genau ausgesehen hat, wissen wir nicht.

STADTVERTEIDIGUNG

Im Mittelalter gab es lange Zeit keine Kanonen. Um eine Stadt einzunehmen, mussten die Angreifer über die Stadtmauer gelangen. Dafür benutzten sie z. B. Sturmleitern. So waren sie jedoch ein leichtes Ziel für die auf den Zinnen stehenden Bogenschützen. Eine sicherere und fortschrittlichere Lösung waren die Wandeltürme. Mit ihnen konnten sich die Angreifer bis zur Mauerkrone vorkämpfen und waren trotzdem vor den Pfeilen der Verteidiger geschützt.

Die Stadttore wurden mit riesigen Rammböcken aufgebrochen und mithilfe der Schleudern versuchten die Angreifer, Sturmlücken in die Mauern zu schlagen. Natürlich war man bei der Verteidigung der Stadt genauso erfinderisch. Auf den Zinnen und auf dem Wehrgang lauerten Bogenschützen. Vor den Stadttoren befanden sich Gräben, über die Zugbrücken führten. Diese konnte man bei einem Angriff hochziehen.

Auch Pechnasen waren eine nützliche Erfindung. Von diesen geschützten Mauervorsprüngen aus wurde heißes Pech auf die Angreifer herabgeschüttet.

Heute findest du in Ingolstadt nirgendwo mehr Teile dieser Stadtmauer, nur der Sockel des Rundturms blieb erhalten. Er steht am Herzogskasten und beherbergt heute einen Teil der Stadtbücherei: den Spiel- und Lesebereich für Kinder.
Des Weiteren entdecken die Archäologen immer wieder Spuren des nun verfüllten Stadtgrabens.

So entstand also die erste Ingolstädter Stadtumwallung unter Herzog Ludwig II., besser bekannt unter seinem Beinamen Ludwig der Strenge.
Aber warum heißt er eigentlich der Strenge? Diesen Beinamen bekam er durch einen grausigen Vorfall. Durch das zufällige Vertauschen zweier Briefe glaubte der Herzog, seine Frau Maria von Brabant (1226–1256) wäre ihm untreu. In seinem Zorn ließ er sie und zwei ihrer Hofdamen 1256 umbringen. Leider stellte sich heraus, dass es sich um ein Missverständnis gehandelt hatte und die drei Damen zu Unrecht mit dem Tode bestraft worden waren.

DIE FRANZISKANERKIRCHE

Mit dem Bau wurde 1275 begonnen.

Etwa um 1383 begann der Umbau der Kirche in die jetzige Form.

Um 1500 wurden die Seitenschiffe und um 1716 das Mittelschiff eingewölbt.

Im 18. Jahrhundert erfolgte nach einem Brand die Umgestaltung des Innenraumes mit dem barocken Hochaltar.

1802 wurde die Franziskanerkirche säkularisiert (der kirchliche Besitz wurde in weltlichen Besitz umgewandelt).

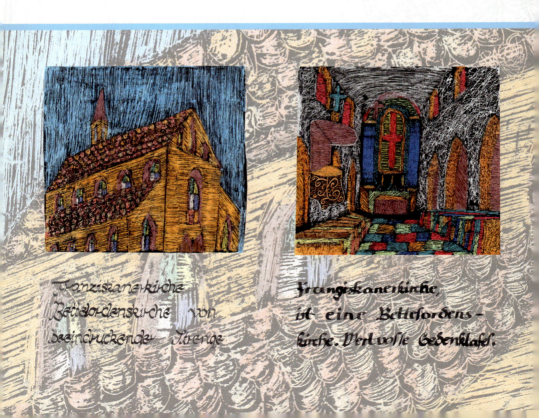

Franziskanerkirche Bettelordenskirche von beeindruckender Strenge

Franziskanerkirche ist eine Bettelordenskirche. Wertvolle Gedenktafel.

Die Franziskanerkirche aus Ingolstadt gefaellt mir sehr gut.

Die Franziskanerkirche ist eine goethische Basilika. Sie wurde um 1270 errichtet in Ingolstadt.

1964 erhielt die Kirche durch den Papst Paul VI. den Titel BASILIKA MINOR.

Sie ist eine frühgotische, dreischiffige Basilika.
Sie ist ca. 72 m lang, 21 m breit und 29 m hoch.
Sie hat keinen Kirchturm, nur einen kleinen Dachreiter.
Im Inneren fallen über 100 Grabsteine und Epitaphien auf.
(z.B. das Grab des Astronomen Peter Apian).

Heute wird die Franziskanerkirche von Kapuzinermönchen geleitet.

St. Johann im Gnadenthal

Die Bilder haben wir nach dem Vorbild eines Kupferstichs gemacht. Anstelle von Kupfer verwendeten wir eine Plastikplatte, in die mit einer Nadel die Zeichnung eingeritzt wurde. Diese Platte haben wir dann mit Druckfarbe eingefärbt und die überschüssige Farbe mit Zeitungspapier abgerieben. Nun legten wir die Druckplatte auf feuchtes Papier und in die Handdruckerpresse. So war unsere Eigenkreation eines alten Kupferstiches fertig. Diese alte Technik hat uns sehr viel Spaß gemacht. Es hat uns gefreut, dass wir Kinder an dem Stadtführer beteiligt sind und nicht immer nur die Großen!

Die Kirche St. Johann im Gnadenthal ist eine Klosterkirche der Franziskanerinnen in Ingolstadt. Sie gehört zum Gnadenthalkloster Ingolstadt, das im Jahr 1276 gegründet wurde. Der einschiffige Bau mit Dachreiter wurde im Jahr 1487 wohl unter Leitung eines Baumeisters namens Mörsheimer im spätgotischen Stil erbaut. Ab etwa 1605 erfolgte die barocke Erweiterung nach Westen. Zuletzt wurde das Portal um 1697/98 ebenfalls barock verändert.

Gnadenthal Gymnasium

Klasse 7c

INGOLSTADT ERHÄLT DAS STADTRECHT

Ingolstadt mauserte sich unter Ludwig dem Strengen zu einer kleinen Stadt. Die rkunde zur Stadterhebung ging jedoch im Laufe der Jahrhunderte verloren. Erst Ludwigs Sohn, der ebenfalls Ludwig (1281–1347) hieß, bestätigte 1312 nochmals schriftlich, dass sich Ingolstadt nun offiziell Stadt nennen durfte. Dieser Herzog Ludwig IV., der später König und sogar Kaiser werden sollte, hatte wie die meisten Herrscher natürlich auch einen Beinamen, nämlich der Bayer.
Eine Stadt besaß zahlreiche Rechte und Privilegien, die nun auch Ingolstadt erwarb. Vielleicht hast du schon einmal das Sprichwort gehört „Stadtluft macht frei": Zog ein Leibeigener mit seinem Herrn nach Ingolstadt, so war er innerhalb eines Jahres ein freier Mann. Um richtige Bürger zu werden, mussten Männer Steuern bezahlen und bei der Stadtwache dienen. Als Bürger durften sie jedoch auch Grundstücke

kaufen. Nun wurden auch Juden und die Bewohner der umliegenden Dörfer zu den Bürgern der Stadt gezählt.

Für kranke und hilfsbedürftige Menschen schenkte Ludwig der Bayer der Stadt 1319 das Heilig-Geist-Spital. Es erhielt viele Jahre später eine eigene Kirche, in der die Spitalinsassen täglich beten mussten. Die Armen schliefen in Betten unter einer Treppe, die heute nicht mehr steht.

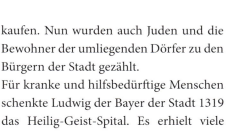

WEITERE RECHTE UND PRIVILEGIEN

Mit der Erhebung zur Stadt durften die Ingolstädter nun auch Zoll erheben, wenn jemand über ein Brücke gehen wollte oder Waren wie Salz oder Wein nach Ingolstadt brachte. Händler mussten auch Zoll bezahlen, wenn sie ihre Güter nur an der Stadt vorbeifahren wollten. Zu Pfingsten wurde nun ein Jahrmarkt veranstaltet, auf dem die Ingolstädter Stoffe und andere Waren kaufen konnten und auf dem Gaukler und Spielleute ihre Späße mit dem Publikum trieben. Die Stadt kaufte nun auch Kramerläden auf und verpachtete sie an Händler. So entstanden erste kleine Einkaufszentren in der Innenstadt.

Die Heilig-Geist-Spital-Kirche

König Ludwig IV. der Bayer, der 1328 auch Kaiser wurde, gründete 1319 das Hl.-Geist-Spital, das arme, alte und kranke Menschen aufnahm. Die dazugehörige Kirche wurde um 1337/50 erbaut. Das lange Gebäude mit Kirche wurde ursprünglich außerhalb der Stadtmauer errichtet. Aber bereits mit der Stadterweiterung im 14. bis 15. Jh. wurde das Spital in die Stadt aufgenommen. Im Zweiten Weltkrieg wurden die Gebäude weitgehend bis auf die Kirche zerstört.

Es handelt sich um eine gotische Hallenkirche, d. h. die Deckengewölbe sind überall gleich hoch. Außen erkennt man den mittelalterlichen Stil an den schönen spitzbogigen Maßwerkfenstern an der Haupt-und Südfassade. Die Kirche wurde mehrmals umgebaut und verlängert. Auch das Innere wurde in den 1730er Jahren im barocken Stil verändert. Die Wände, die Gewölbe und die Säulen sind mit altrosafarbenem Bandwerk aus Stuck (einer Art Gips) dekoriert. Dieses Bandwerk sieht man auch an der Fassade der Ingolstädter Asamkirche.

GESCHICHTE

DAS STADTWAPPEN

Hast du schon einmal einen richtigen Ritter gesehen? Stell dir vor, er steht in seiner silberglänzenden Rüstung leibhaftig vor dir. Woran erkennst du, mit welchem Ritter du es zu tun hast? Um festzustellen, ob es sich um einen Freund oder einen Feind handelte, verwendeten Ritter bunte Wappen. An ihren Farben und Formen konnten ihre Mitmenschen sofort erkennen, wer vor ihnen stand.

Reiche Familien, aber auch Länder und sogar Firmen verwenden noch bis heute Wappen und Logos, damit man sie leichter erkennen kann.

Bei den Rittern war das Wappen auch auf dem Schild abgebildet, mit dem sie sich gegen Schwerthiebe schützten. Aus dieser Schildform hat sich der Umriss unserer heutigen Wappen entwickelt.

HIER KANNST DU DEIN EIGENES WAPPEN ENTWERFEN

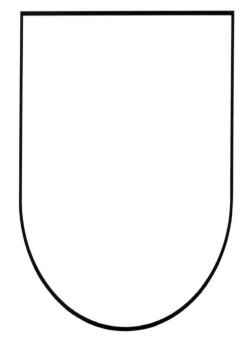

ALTE INGOLSTÄDTER FAMILIENWAPPEN

Ordne den richtigen Namen dem richtigen Wappen zu.
Trage den markierten Buchstaben in den bei 14 ein.

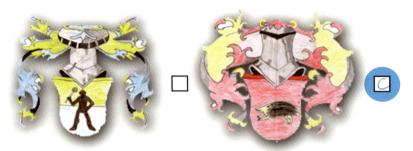

A) KLINGENBED
B) BLEIBIMHAUS
C) BENIGEL
D) KRAFT
E) FÜRHOLZER

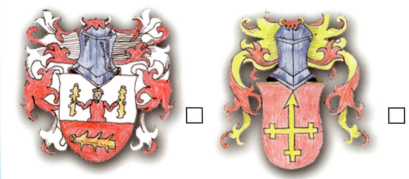

GESCHICHTE

Auch Ingolstadt hatte seit dem Mittelalter ein Stadtwappen. Darauf war unser Stadtpatron, der heilige Mauritius oder auch Moritz, abgebildet. Da er Soldat war, trug er auf diesem Wappen eine Rüstung. In seiner rechten Hand hielt er einen Fahnenspeer. Mit der linken Hand stützte er sich auf sein Schild, auf dem ein Feuer speiendes Fabelwesen abgebildet war.

DER HEILIGE MAURITIUS – SANKT MORITZ
Mauritius war Ägypter und der Legende nach Anführer der Thebäischen Legion. Diese Legion wurde zur Verfolgung der Christen eingesetzt. Da sich die Soldaten weigerten, die Christen zu töten, wurde Mauritius als ihr Anführer vermutlich enthauptet und starb so um 300 n. Chr. den Märtyrertod. Schon bald darauf wurde er heiliggesprochen. Er war der erste Heilige, der im Mittelalter dunkelhäutig dargestellt wurde.

Viele Jahre später ließen die Ingolstädter Moritz einfach weg und bildeten auf ihrem Stadtwappen nur noch das Fabelwesen ab.

Doch was hat unser blauer Panther mit dem gefährlichen, Feuer speienden Fantasiedrachen des heiligen Moritz zu tun? Die Menschen des Mittelalters sagten zu einem Fabelwesen PHAN-THIER. Doch irgendwann kannte man diese Bezeichnung nicht mehr. Und so dachten die Ingolstädter, dass der heilige Moritz gegen einen Panther gekämpft haben muss. Sie konnten sich nur nicht so richtig erklären, weshalb der Panther auf ihrem Stadtwappen gar nicht so aussah wie ein richtiger Panther.

RÄTSEL 3

Wie heiße ich?

Trage meinen Namen im Lösungssatz bei 25 ein.

PHAN-THIER

2008 kam wieder ein richtiges Phan-Thier nach Ingolstadt. Es ist über zwei Meter hoch und hat sich im Stadtmuseum eingenistet. Dort begrüßt es alle Kinder, die das Stadtmuseum besuchen und mehr über die Vergangenheit erfahren wollen.

Über 100 Kinder haben an unserem Phan-Thier mitgebaut und es so schön angemalt, wie es heute dasteht. Und sogar über 1.000 Kinder stimmten darüber ab, wie unser neues Kinderwappentier heißen soll: SCHANZI.

RÄTSEL 4

WELCHER PANTER PASST IN DAS WAPPEN?

Trage den Buchstaben des passenden Panters im Lösungssatz bei 32 ein.

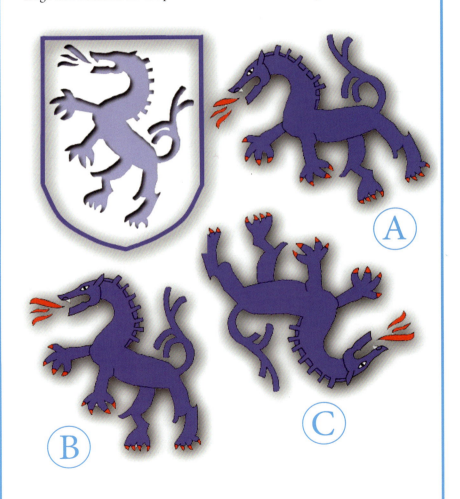

DIE ZWEITE STADTMAUER

Der Handel in unserer Stadt blühte und die bayerischen Herzöge waren stolz auf ihr Ingolstadt. Immer mehr Menschen ließen sich hier nieder und hofften, in Ingolstadt gutes Geld machen zu können. Bald platzte die Stadt aus allen Nähten und auch die Siedlungen vor der Stadt wuchsen nun immer weiter. Ludwig der Brandenburger (1315–1361) beschloss daher, unsere Stadt zu erweitern. Um die Größe des neuen Stadtgebietes festzulegen, ritt er eines Tages in einem großen Bogen um die Stadt, um den Verlauf der neuen Stadtmauer mit den Hufspuren seines Pferdes zu kennzeichnen.

Sein Sohn Herzog Mainhard (1344–1363) ließ Grundstücke enteignen, auf denen die neue Mauer gebaut werden sollte. So sagt man, wenn die Eigentümer der Grundstücke diese unfreiwillig hergeben müssen.

Nach Mainhards Tod 1363 übernahm sein Onkel Herzog Stefan II. mit der Hafte (1319–1375) die Regierung. Seinen Beinamen erhielt Stefan, da er gerne wunderschöne Kleiderspangen trug, die unseren heutigen Broschen ähnelten. Stefan schenkte unserer Stadt Holz aus seinen Wäldern bei Weichering, damit die Ingolstädter mit dem Bau der zweiten Stadtmauer beginnen konnten. Zudem erließ er der Stadt Steuern, damit die Ingolstädter mehr Geld in den Bau der Mauer investieren konnten.

Die neue Stadtmauer war kreisförmig und hatte vier Haupttore, durch die man in die Stadt gelangen konnte: das Feldkirchnertor, das Hardertor, das Kreuztor und das Donautor. Außerdem gab es drei Nebentore: das Tränktor, das Taschenturmtor und das Münzbergtor.

Das Kreuztor

Das Kreuztor ist das Wahrzeichen der Stadt Ingolstadt. Gebaut 1385. Es wurde 1546 im Schmalkaldischen Krieg zerstört.

Das siebentürmige Kreuztor ist als einziges von den ursprünglich vier Haupttoren (Feldkirchnertor, Hardertor, Kreuztor und Donautor) noch erhalten. Seinen Namen verdankt das Kreuztor dem Aussätzigenhaus mit Kirche zum Hl. Kreuz, das ehemals im Westen vor der Stadt lag und im 16 Jh. der Anlage eines gewaltigen Bollwerks weichen musste. der Graben, über den eine einspurige Brücke führte, wurde in der zweiten Hälfte des 19. Jahrhunderts aufgefüllt.

Georgios, Faruk, Pascal, Eric, Marcus, Alexander, Artur

Grundschule an der Lessingstraße

Ganztagsklasse 4a, Leitung Helga Dick

GESCHICHTE

Die Mauer selbst hatte 88 kleine Türme, darum wurde Ingolstadt auch die „Stadt der 100 Türme" genannt.

Nachts schlossen die Torwächter alle Tore und passten darauf auf, dass kein Halunke die Stadt betrat.

Ingolstadt war in vier große Viertel aufgeteilt. Auf den Plänen der Stadt war jedes dieser Viertel in einer anderen Farbe gemalt. Im Zentrum Ingolstadts stand der Pfeifturm. Auf ihm hielt der Türmer Wache.

Die Häuser in der Stadt waren sehr eng aneinander gebaut, da möglichst viele Bürger innerhalb der schützenden Stadtmauer wohnen wollten.

Die meisten Gebäude waren aus Holz und somit war die Gefahr groß, dass ein Feuer schnell auf die ganze Stadt übergriff. Der Türmer hielt auf dem Pfeifturm deshalb immer Ausschau, ob irgendwo in der Stadt Rauch aufstieg. Nur so konnte er sofort Alarm schlagen und die Ingolstädter warnen. Entdeckte er ein Feuer, läutete er die Sturmglocke und rief in einen riesigen Schalltrichter „Feurio, es prinndt!". Er schlug auch Alarm, wenn ein Feind auf die Stadt zuritt oder eine hohe Persönlichkeit Ingolstadt besuchte. Den großen Schalltrichter kannst du übrigens noch heute im Stadtmuseum sehen.

Der Name „Pfeifturm" leitet sich von den Stadtpfeifern ab, die oben auf dem Turm mit ihren Blasinstrumenten Musik machten. Schon 1559 wurden diese Pfeifturmbläser schriftlich erwähnt und noch heute könnt ihr ihnen an manchen Tagen im Jahr zuhören.

War die Luft dort oben für den Türmer auch frisch und sauber, in den kleinen Gassen unten bot sich ein anderes Bild. Die Straßen waren morastig, staubig und dunkel. Überall lagen Misthaufen und Abfälle, die furchtbar rochen. Auf die Idee, einen netten Stadtbummel zu machen, wäre damals niemand gekommen. Autoabgase kannten die Bürger natürlich noch nicht, denn es gab nur Fußgänger, Reiter und Fuhrwerke. Nachts war es stockdunkel und ein Nachtwächter wanderte durch die Straßen.

Geschäfte, wie du sie heute kennst, gab es auch noch nicht. Viele Dinge konnten die Ingolstädter auf den Märkten kaufen, die regelmäßig stattfanden. Zahlreiche Waren wie Wein, Salz oder Eisen transportierten die Händler auf dem Wasserweg nach

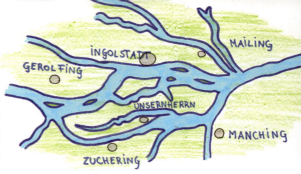

Ingolstadt. Egal ob er in die Stadt hinein wollte oder nur an Ingolstadt vorbeifuhr: Der Händler musste der Stadt Ingolstadt für all die Waren, die er mit sich führte, Zoll bezahlen. Da immer mehr Händler Waren an Ingolstadt vorbeischmuggelten, machten die Herzöge kurzen Prozess. Erinnerst du dich daran, dass die Donau aus vielen kleinen Nebenarmen bestand? Nun wurde der Nebenarm, der direkt an der Stadt vorbeiführte, vergrößert. Somit konnten Handelsschiffe gut auf ihm fahren. Jetzt durften die Händler nur noch diesen Donauarm benutzen und konnten dem Zoll nicht mehr entgehen.

DIE DONAU

Dorothea Diensthuber 4a / Korbinian Krikler 4a

Die Donau ist der zweitgrößte Fluss Europas und entspringt in Deutschland. Allerdings ist man sich nicht einig, welcher der beiden Flüsse, Brigach oder Breg, der Quellfluss ist. Schon in der Schule lernen Kinder den Spruch: Brigach und Breg bringen die Donau zuweg.

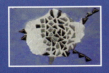

Am Anfang im Schwarzwald ist die Donau nur ein kleines Flüsschen, das manchmal sogar völlig versickert. Wenn sie nach etwa 300 km in Ingolstadt ist, sieht man schon, dass daraus noch ein großer Fluss wird. Ab Kehlheim, das ist in der Nähe von Ingolstadt, können auch Schiffe auf der Donau fahren.

Sehr beeindruckend ist es, wenn man ab Kloster Weltenburg mit einem Ausflugsschiff durch den Donaudurchbruch fährt.

Später trägt die Donau auch mächtige Lastschiffe und Passagierdampfer.

Wenn man hier in Ingolstadt ein Stöckchen ins Wasser wirft, macht dieses eine sehr lange Reise (etwa 2500 km!) durch sieben Länder, bis es bei Rumänien endlich im Schwarzen

Meer angekommen ist. Während unser Fluss durch diese sieben Länder fließt, ändert sich auch sein Name. In Deutschland und in Österreich wird sie Donau genannt, in der Slowakei Dunaj und in Ungarn Duna. In Kroatien, Serbien und Bulgarien nennen die Menschen sie Dunav und in Rumänien, an ihrer Mündung heißt, sie Dunarea.

Nach 2888 km fließt die Donau bei der Stadt Sulina ins Schwarze Meer. Dann ist sie so riesig, dass sie über 1000 m breit und 38 m tief ist.

In der Donau finden sich viele verschiedene Fische. Forellen und Rotfedern entdeckt man in dem kleinen Flüsschen im Schwarzwald. Im ruhigen Altwasser schwimmen Karpfen und Hechte. Weiter unten im Fluss gibt es mächtige Donauwaller, die bis zu 3 m lang werden können. Die Donauauen bieten Platz für Biber, Reiher und Kormorane. Vor allem im sumpfigen Schwemmland des Donaudeltas leben viele bedrohte Tierarten. So ist die Donau Lebensraum für Menschen, Tiere und Pflanzen, den wir schützen müssen, damit auch andere diesen schönen Fluss bewundern können.

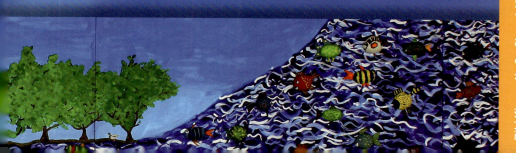

GESCHICHTE

DIE INGOLSTÄDTER LINIE

STEFAN DER KNEISSEL

Im Jahr 1392 wurde das Herzogtum Bayern unter den drei Söhnen von Stefan mit der Hafte aufgeteilt. Herzog Johann II. (1341–1397) erhielt das Teilherzogtum Bayern-München, sein Bruder Friedrich (1339–1393) Bayern-Landshut und der älteste Bruder Stefan III. (1337–1413) regierte nun Bayern-Ingolstadt.

Herzog Stefan III. hatte den Beinamen der Kneißel, was soviel heißt wie der Prunksüchtige. Er liebte Tanz, Turnier und schöne Frauen und kleidete sich gerne modisch und kostbar. Unter modisch verstand man damals natürlich etwas anderes, denn welcher junge Mann würde heute noch gerne mit Strumpfhosen herumlaufen. Trotz seiner Vorliebe für den höfischen Lebensstil war er ein gefürchteter Politiker, der häufig in Kriege verwickelt war. Bei seinen Untertanen war er jedoch beliebt, denn er war das, was man sich unter einem echten Ritter vorstellte.

Leider gab Stefan für seine Hobbys viel Geld aus. Er hatte großes Glück, dass seine erste Frau Thaddäa Visconti (1350–1381) aus einer reichen Mailänder Familie stammte und zur Hochzeit jede Menge Geld mit nach Bayern brachte. Denn ihr Vater hatte ihr wie damals üblich ein großes Vermögen zur Hochzeit geschenkt. Du wirst noch öfter davon hören, dass man zu diesem Geld für die Braut auch Mitgift sagt. Leider starb Thaddäa schon sehr jung mit 30 Jahren, so dass Papa Stefan mit den Kindern Elisabeth (1371–1435) und Ludwig (1368–1447) und vielen Dienern nun allein im Herzogskasten wohnte.

ISABEAU DE BAVIÈRE

Als Elisabeth gerade 15 Jahre alt war, wurde sie mit ihrem Onkel auf eine Pilgerfahrt nach Frankreich geschickt. Natürlich wussten ihr Vater und ihr Onkel, dass sich dort auch ein junger, hübscher Mann aufhielt: König Karl VI. von Frankreich (1368–1422).

Als er Elisabeth zum ersten Mal begegnete, soll er sich sofort Hals über Kopf in sie verliebt haben. Schon drei Tage später heirateten sie. Die vielen Prinzen und Prinzessinnen, die bei der Hochzeit dabei waren, hatten nicht einmal Zeit, sich schöne Festkleider schneidern zu lassen. So lebte Elisabeth seither in Frankreich, änderte ihren Namen in Isabeau und war nun als Königin von Frankreich eine der einflussreichsten Frauen der Welt.

GESCHICHTE

LUDWIG DER BÄRTIGE

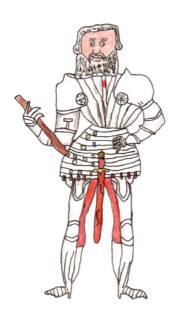

Elisabeths Bruder Ludwig VII. war wohl der bedeutendste Herzog der Ingolstädter Linie. Er wohnte viele Jahre bei seiner Schwester am französischen Königshof und gehörte dort sogar dem königlichen Rat an. Als enger Berater des französischen Königs lernte er die prunkvolle höfische Lebensweise kennen. In Paris war er umgeben von bayerischen und französischen Hofleuten, Juristen, Schreibern und Bediensteten. Wie die französischen Fürsten bekam auch er jährlich eine stattliche Pension ausbezahlt. Ludwig hatte in Frankreich zweimal geheiratet. Beide Ehefrauen waren Hofdamen seiner Schwester und gehörten dem Hochadel an. Ludwig war hierdurch zu einem beträchtlichen Vermögen gekommen.

Als Ludwig nach dem Tod seines Vaters nach Ingolstadt zurückkehrte, baute er mit diesem Geld in unserer Stadt viele bedeutende Gebäude. Ludwig besaß in Frankreich zwölf wunderschöne Schlösser und wollte in Ingolstadt ebenso prunkvoll wohnen. Deshalb beschloss er 1418, das Neue Schloss zu bauen und aus dem kleinen Herzogskasten auszuziehen.

Das Neue Schloss wurde so groß, dass Ludwig sogar eines der Stadttore mit einbauen ließ. Die Bürger der Stadt ärgerten sich furchtbar, dass sie nun nicht mehr durch das Feldkirchner Tor hinaus auf ihre Felder gehen konnten, und beschwerten sich beim Kaiser. So kam es, dass Ludwig 1434 ein neues Feldkirchner Tor neben dem Neuen Schloss errichten musste.

Dies war nur einer der Gründe, warum der Herzog sich mit den Bürgern seiner Hauptstadt nicht gut verstand. Der Rat der Stadt hatte nicht mehr viel zu sagen und am Hof des Herzogs war kein einziger Ingolstädter Bürger vertreten. Ludwig ließ zwar die Stadt erweitern und ausbauen, aber nicht um seinen Ingolstädtern ein besseres Leben zu ermöglichen, sondern um zu zeigen, wie reich und bedeutend er und sein Teilherzogtum waren.

Ludwigs Hofstaat bestand aus Bediensteten, die bereits in Frankreich für ihn gearbeitet hatten. Jeder wusste, was er zu tun hatte. Der Hofstaat war also gut organisiert, der Herzog besaß bereits eine moderne Verwaltung. Ludwig unterschrieb seine Urkunden und Rechnungen mit „LOYS" und war somit einer der ersten Herzöge, die genau wussten, welche Schriftstücke seine Bediensteten für ihn verfasst hatten.

Das Leben am Ingolstädter Hof war lange nicht so prunkvoll wie zu Lebzeiten seines Vaters, da Ludwig sehr sparsam war. Weil seine zweite Ehefrau in Frankreich geblieben war, lebte zu Ludwigs Zeiten auch keine Herzogin im Neuen Schloss. Sein Reichtum, sein Stolz und seine Herrscherpersönlichkeit machten Ludwig eher zu einem gefürchteten als zu einem beliebten Fürsten.

Wie die meisten Herzöge hatte auch Ludwig VII. einen Beinamen. Ludwig war in Frankreich einem Männerorden beigetreten, der sich „Die Männer von der goldenen Sonne" nannte. Diese Männer trugen als Zeichen ihrer Ordenszugehörigkeit einen Bart, obwohl das damals eher nicht Mode war. Auch unser Ludwig hatte einen solchen Rauschebart und wurde deshalb Ludwig der Bärtige genannt.

DAS NEUE SCHLOSS

Wir kleinen Geister wohnen im Schloss.

Ludwig der Gebartete ließ es 1418 erbauen, da für ihn das Alte Schloss zu klein war. Er wollte hier regieren und mit uns wohnen. Das neue Schloss sollte prunkvoll, groß und wehrhaft werden. Leider erlebte Ludwig der Gebartete mit uns nicht mehr die Fertigstellung des Schlosses, weil er 1447 gestorben ist.

Heute befindet sich in unserem Zuhause das Bayerische Armeemuseum.

Wir freuen uns immer wieder über neuen Besuch.

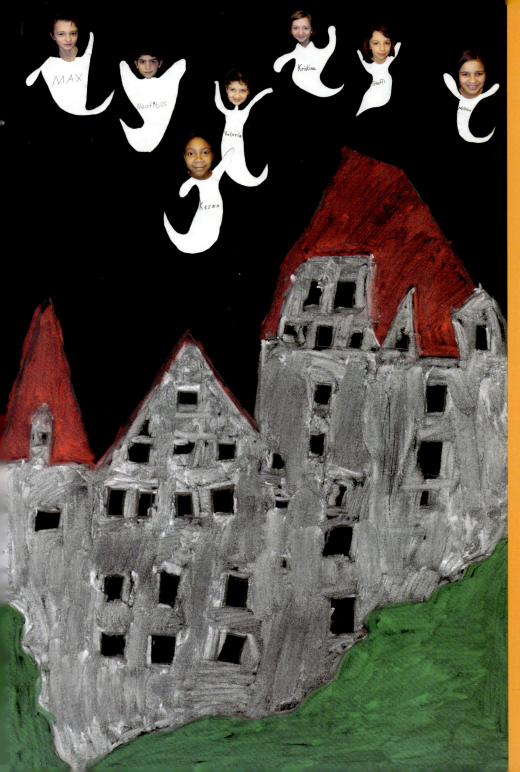

GESCHICHTE

DIE WICHTIGSTEN BAUTEN LUDWIGS DES BÄRTIGEN

Ludwig der Bärtige ließ in Ingolstadt viele bedeutende Gebäude errichten, von denen drei sehr bekannt sind: das Neue Schloss, das Münster „Zur schönen unserer lieben Frau" und das Pfründnerhaus (Hohe Schule). Im Pfründnerhaus wohnten 13 Männer und zwei Frauen, die täglich für Ludwigs Seelenheil beten mussten. Auf diese Weise wollte Ludwig sichergehen, dass er nach seinem Tod in den Himmel kommen würde. Hierzu ließ er in den Kirchen auch viele Messen lesen und richtete Armenstiftungen ein. Diese versorgten arme Menschen mit Essen und Kleidung, um ihnen ein halbwegs menschenwürdiges Leben zu ermöglichen. Doch mussten auch sie im Gegenzug für Ludwig beten

MÜNSTER

Der Bau des Münsters „Zur Schönen Unserer Lieben Frau" begann 1425 und dauerte ganze 111 Jahre. Ursprünglich war das Dach der Türme mit Holz bedeckt. Es konnte in Kriegszeiten abgebaut werden, um von dort oben auf Feinde zu schießen. Das Dach der Kirche ist sieben Stockwerke hoch. Die Baumeister brauchten hierzu so viel Holz, dass die Ingolstädter sogar Bäume aus dem Allgäu heranschaffen mussten.

Um einige Gegenstände wie das Gnadenbild der Dreimal Wunderbaren Mutter ranken sich spannende Legenden. In der Schatzkammer stehen wertvolle Gegenstände, die unsere Herzöge dem Münster geschenkt haben. Doch auch die Münsterkrippe und das Bild der heiligen Katharina, die mit den Ingolstädter Professoren diskutiert, gelten als sehr wertvoll und schön.

In der Kirche findest du noch heute viele Grabsteine berühmter Ingolstädter wie Dr. Johannes Eck (1486–1543) oder auch von Wieland von Freiberg († 1439), dem unehelichen Sohn von Ludwig dem Bärtigen. In der Gruft unter dem Chor liegen die Ingolstädter Herzöge Stephan der Kneißel und Ludwig der Bucklige (1403–1445). Aber auch die Eingeweide einiger Adeliger fanden in der Kirche ihre letzte Ruhestätte.

Übrigens baute Ludwig der Bärtige auch das Schloss in Neuburg großzügig aus und nutzte es viele Jahre als Nebenwohnsitz. Er soll dort sogar mehr Zeit verbracht haben als in Ingolstadt.

Das Münster

Die größte Kirche Ingolstadts ist schon von Weitem zu sehen.
Ihr mächtiges Dach und die beiden roten Backsteintürme, die nicht gleich hoch sind, überragen die Innenstadt.
Herzog Ludwig der Gebartete ließ das Münster ab 1425 errichten, erlebte aber seine Vollendung im Jahr 1522, also nach fast einem Jahrhundert, nicht mehr. Geblieben ist aber der Name „zur Schönen Unserer Lieben Frau", den er der Kirche gab.
Das Münster ist im spätgotischen Stil erbaut. Wenn man es betritt, hat man gleich das Gefühl, dass der gesamte Raum in die Höhe (also im übertragenen Sinne zu Gott) strebt. Wenn man in den drei hinteren Seitenkapellen nach oben blickt, sieht man etwas ganz Besonderes. Hier sind die Decken mit einem „gotischen Netzsteingewölbe" verziert, das äußerst fein und zierlich gearbeitet ist. Zwei durchbrochene Ebenen überlagern sich, wobei man sowohl geometrische Formen findet als auch Ranken, die wie Gewächse aussehen und eher an Zweige oder auch an Korallen erinnern.

GESCHICHTE

DIE SAGE VOM TEUFELSSTEIN

Vor langer Zeit wurde bei uns in Ingolstadt das Liebfrauenmünster gebaut. Hierüber ärgerte sich der Teufel fürchterlich. Schon wieder eine Kirche für den Herrgott! Das konnte er auf keinen Fall zulassen!
In der nächsten Nacht schlich er sich heimlich auf die Baustelle, stibitzte den schönsten und größten Steinblock und flog in den Himmel über der Kirche. Dann warf er den Stein mit aller Kraft hinunter. Doch o weh! So etwas Dummes! Baustelle verfehlt! Der Stein landete auf dem Friedhof, der neben der Kirche lag. Da blieb dem Teufel nur eins: sich schnell vom Acker machen und hoffen, dass keiner zugesehen hat.

Am nächsten Morgen sahen die Ingolstädter, was geschehen war. Sie hatten den Übeltäter bald erraten. Doch was sollten sie jetzt tun? Was der Teufel berührt hatte, war verflucht. Niemand traute sich, den Stein aus dem Weg zu räumen und so blieb er schließlich viele Jahrhunderte liegen.

1814 lebte der Wachszieher Berthold in Ingolstadt, der vor nichts Angst hatte. „Das wäre ja gelacht!", sagte er. „Wer wird denn vor einem Stein Angst haben!" Er kaufte der Kirche den Stein für zwei Kronentaler ab und hätte ihn gerne vor sein Haus gestellt, um allen Ingolstädtern zu zeigen, welche Angsthasen sie waren. Doch es fand sich niemand, der das Teufelszeug zu seinem Haus fahren wollte. Da half nur eins: die furchtlosen und starken Soldaten fragen. Gemeinsam packten sie den Stein auf ein Fuhrwerk und brachten es zum Haus des jungen Mannes am Schliffelmarkt. Das Fuhrwerk aber verbrannten sie vorsichtshalber, falls es nun doch verflucht sein sollte.

Wenn du mutig bist, kannst du selbst herausfinden, ob der Stein tatsächlich verteufelt ist. Er liegt noch mitten in der Stadt. Die Straße, die an ihm vorbeiführt, heißt „Am Stein". Heute vermutet man, dass sich der Straßenname nicht von diesem Teufelsstein, sondern von einem der ersten dort gebauten Steinhäuser herleitet. Einige Ingolstädter weigern sich übrigens, auf den Stein zu treten aus Angst, etwas Schreckliches könnte passieren.

Früher dachten die Menschen auch, der Wind, der um das Münster pfeift, sei der Teufel, der noch immer wütend um die Kirche fegt.

EMMI BÖCK

Diese und zahlreiche andere Sagen aus Ingolstadt und der Region hat Emmi Böck (1932–2002) viele Jahre lang gesammelt und so für die Nachwelt erhalten. Sie war mit sechs Jahren mit ihrer Familie nach Ingolstadt gezogen und studierte in München Germanistik. 1961 fing sie damit an, Sagen zu sammeln und zu veröffentlichen.

RÄTSEL 5

WELCHE SAGE STAMMT NOCH VON EMMI BÖCK?

Trage den richtigen Buchstaben im Lösungssatz bei 7 ein.

 A Der Teufel und seine Großmutter

 B Des Teufels neue Kleider

 C Der Teufel und die Schildwache

GESCHICHTE

LUDWIG DER BUCKLIGE

Ludwig VIII. war der Sohn von Ludwig dem Bärtigen und dessen erster Ehefrau Anna von Bourbon (1380–1408). Der kleine Ludwig kam mit einer Behinderung auf die Welt: Er hatte rechts hinten und links vorne einen mächtigen Buckel, eine fliehende Stirn, eine große Adlernase und war äußerlich nicht gerade das, was man sich damals unter einem fürstlichen Erbprinzen vorstellte.

Als Ludwig fünf Jahre alt war, starb seine Mutter und er wurde zur Erziehung nach Bayern geschickt. Sein Vater blieb noch viele Jahre in Frankreich und so lernte Ludwig der Bucklige bereits sehr früh, politische Entscheidungen zu treffen. Als Ludwig der Bärtige endlich zu seinem Sohn nach Bayern zurückkam, wollte er sich von ihm nicht erklären lassen, wie man ein Land regiert. Schließlich war er bereits Berater des französischen Königs gewesen, als sein Sohnemann noch in der Wiege lag. So kam es immer wieder zu Streitereien zwischen Vater und Sohn.

In Ingolstadt lebte Ludwig der Bärtige mit einer Frau zusammen, die er jedoch nicht heiratete. Sie schenkte ihm Sohn Wieland von Freyberg.

Wieland war ein sogenannter unehelicher Sohn, was in der damaligen Zeit viel Aufsehen erregte. Ludwig der Bucklige war furchtbar eifersüchtig auf seinen Halbbruder, da dieser offenbar beliebter war als er und immer bevorzugt behandelt wurde. Papa Ludwig der Bärtige überhäufte Wieland mit Geschenken und überschrieb ihm schließlich fast sein gesamtes Vermögen. Ludwig der Bucklige ging so gut wie leer aus.

Das konnte und wollte er sich nicht gefallen lassen! Er plante einen Aufstand, um seine Rechte einzufordern. Viele Menschen unterstützten ihn dabei, da sich Ludwig der Bärtige all die Jahre mehr Feinde als Freunde gemacht hatte. Erinnerst du dich noch an die Ingolstädter Bürger, denen er das Feldkirchner Tor zugebaut hatte? Auch sie standen auf der Seite Ludwigs des Buckligen.

So blieb Ludwig dem Bärtigen nichts anderes übrig, als sich auf Schloss Neuburg, seinen letzten Zufluchtsort, zurückzuziehen.

18 Wochen lang belagerten und beschossen Ludwig der Bucklige und seine Soldaten das Neuburger Schloss, bis sie die Mauern endlich erstürmen und Ludwigs Vater gefangen nehmen konnten. Nun war Ludwig der Bucklige rechtmäßiger Herrscher über das Teilherzogtum Bayern-Ingolstadt und Bruder Wieland entmachtet. Doch Ludwig der Bucklige lebte nur noch zwei Jahre und verstarb 1445 ohne einen Sohn, der sein Reich erben konnte.

Sein Vater Ludwig der Bärtige saß noch immer in Gefangenschaft und geriet nun in die Hand seines Erzfeindes, Landshuts Herzog Heinrich der Reiche (1386–1450). Dieser wollte ihn gegen Zahlung eines Lösegeldes freilassen. Doch Ludwig der Bärtige war eigensinnig und stolz und sah nicht ein, Heinrich auch nur einen einzigen Gulden zu geben. So starb er 1447 als Gefangener in Burghausen.

Heinrich nutzte diese Gelegenheit und nahm das ganze Gebiet des Ingolstädter Landes in Besitz. Da Heinrich der Reiche sehr einflussreich war, sagte der König nichts dazu und auch Albrecht III. von Bayern-München (1401–1460) war einverstanden, dass Heinrich auch über Ingolstadt regierte. Nun gab es nur noch zwei Teilherzogtümer: Bayern-München und Bayern-Landshut, zu dem jetzt auch Ingolstadt gehörte.

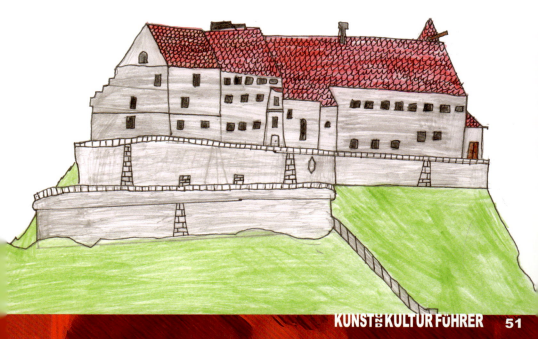

GESCHICHTE

DIE UNIVERSITÄT

Die letzten Ingolstädter Herzöge Ludwig der Bucklige und Ludwig der Bärtige waren innerhalb weniger Jahre verstorben. Die Zeiten, in denen regelmäßig im Neuen Schloss Hof gehalten und Feste gefeiert wurden, waren nun endgültig vorbei. Ingolstadt gehörte jetzt zum Teilherzogtum Bayern-Landshut.
Doch gab es für die Bewohner der Stadt bald wieder einen Lichtblick: Papst Pius II. (1405–1464) gab die Erlaubnis, aus Ingolstadt eine Universitätsstadt zu machen.
Herzog Ludwig IX. der Reiche von Bayern-Landshut (1417–1479) gründete 1472 die Universität und brachte sie im ehemaligen Pfründnerhaus unter, das seitdem als Hohe Schule bezeichnet wird. Hierzu wurde die Stiftung aufgelöst und das Geld, das eigentlich für die Pfründner bestimmt war, nun für die Universität verwendet.

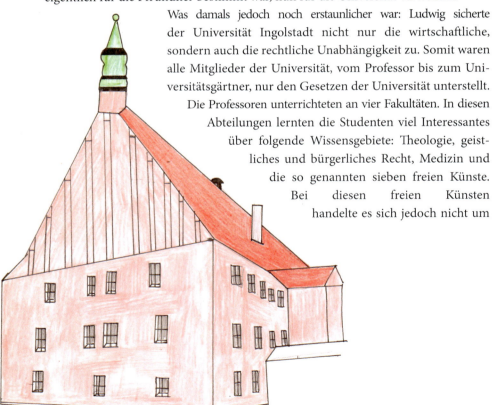

Was damals jedoch noch erstaunlicher war: Ludwig sicherte der Universität Ingolstadt nicht nur die wirtschaftliche, sondern auch die rechtliche Unabhängigkeit zu. Somit waren alle Mitglieder der Universität, vom Professor bis zum Universitätsgärtner, nur den Gesetzen der Universität unterstellt.
Die Professoren unterrichteten an vier Fakultäten. In diesen Abteilungen lernten die Studenten viel Interessantes über folgende Wissensgebiete: Theologie, geistliches und bürgerliches Recht, Medizin und die so genannten sieben freien Künste. Bei diesen freien Künsten handelte es sich jedoch nicht um

Malerei oder Bildhauerei, sondern um Grammatik, Rhetorik, Dialektik, Arithmetik, Geometrie, Astrologie und Musik.

Wenige Jahre nach ihrer Gründung zählte die Universität Ingolstadt 600 Studenten sowie 40 Magister und Doktoren.

HEXENPROZESSE

Eine wichtige Rolle spielten unsere Professoren während der zahlreichen Hexenprozesse, die in Ingolstadt mehreren Dutzend Menschen zwischen 1589 und 1704 das Leben kosten sollten. Übrigens wurden auch durchaus Männer als Hexer verurteilt. Sollte irgendwo in Bayern eine Person wegen Hexerei hingerichtet werden, so konnte man zuvor die Ingolstädter Professoren um ihre Meinung bitten.

Oft war die Ernte schlecht ausgefallen oder die Kuh im Stall ganz plötzlich und grundlos gestorben und schon kamen Gerüchte auf: War die Nachbarin vielleicht eine Hexe? Hatte sie aus Neid schlechtes Wetter herbeigehext oder gar die Tiere mit einem Zaubertrank getötet?

Nicht immer konnten die Professoren den verurteilten Menschen helfen, denn ihr Rat hatte keine rechtlichen Auswirkungen. Der Richter setzte sich leider häufig über die Meinungen der Gelehrten hinweg.

Einer der bekanntesten Ingolstädter Gelehrten, der sich gegen die Hexenverfolgungen aussprach, war der Jesuit Adam Tanner (1572–1632). Er lehrte um 1615 an der Universität Ingolstadt Theologie.

Er wollte nicht, dass Menschen in der Folterkammer gequält werden. Denn unter Schmerzen würden sie doch alle Übeltaten gestehen, auch wenn sie diese nicht begangen hatten.

Es sollte jedoch noch bis 1756 dauern, bis im Kurfürstentum Bayern die letzte Frau wegen Hexerei hingerichtet wurde.

Die Hohe Schule

Peter Apian

Leonhart Fuchs

Christoph Scheiner

Johannes Eck

Johann Adam von Ickstatt

Ludwig Fronhofer

Die Hohe Schule ist ein sehr altes Gebäude, gebaut um 1435. Zuerst beherbergte das Haus arme Leute. Ab 1472 ließ der bayerische Herzog Ludwig der Reiche die Hohe Schule dann zu einem Schulgebäude umbauen. 1503 wurde das Haus Sitz der ersten bayerischen Landesuniversität. 1800 wurde die Universität nach Landshut und von dort 1826 nach München verlegt, wo sie als Ludwig-Maximilian-Universität auch heute noch besteht.

Bekannte Professoren der Hohen Schule sind Namensgeber vieler Schulen in Ingolstadt, Ludwig Fronhofer z.B. für die Ludwig-Fronhofer-Realschule oder Peter Apian für das Apian-Gymnasium.

An der Hohen Schule wurden vor allem Theologie, Rechts-, Naturwissenschaft und Philosophie unterrichtet. Die Hohe Schule zählte neben Wien und Prag zu den wichtigsten Universitäten in Europa.

Auch heute noch wird die Hohe Schule als Bildungsstätte genutzt. Im Erdgeschoss kann man ein Café mit einem schönen Gewölbe und Fresko besuchen.

Adam Weishaupt

Die Spezialisten für die Hohe Schule: Kunstgruppe der Klasse 6c der Fronhofer-Realschule Ingolstadt

Frohnhofer-Realschule

Kunstgruppe der Klasse 6c

GESCHICHTE

ALTE ANATOMIE

Bereits im Jahr 1571 wurde an der Universität Ingolstadt eine Leiche geöffnet. Die Medizinstudenten sollten auf diese Weise etwas über das Innere des menschlichen Körpers lernen. Hierzu verwendete man häufig die Körper von Hingerichteten. Aber auch Schweine und Hunde wurden seziert, da zu wenig menschliche Leichen zur Verfügung standen.

Weil immer mehr Menschen diesem Spektakel beiwohnen wollten, reichte der Platz nicht mehr aus. So errichtete man 1723 bis 1736 die so genannte Alte Anatomie. Die Baupläne entwarf Gabriel di Gabrieli (1671–1747), der in Eichstätt Hofbaudirektor des Fürstbischofs war. In der Alten Anatomie gab es im ersten Stock ein „Anatomisches Theater": Der Seziertisch stand in der Mitte des Raumes und an den Wänden befanden sich Holztribünen, auf denen die Studenten wie in einem Amphitheater sitzen und bei der Leichenöffnung zusehen konnten.

RÄTSEL 6

Trage die nummerierten Buchstaben in den Lösungssatz ein.

Wie nennt man die Hohe Schule noch?

_ F _ _ _ D _ _ _ H _ _ _
26   13   40   38

Wer entwarf die Baupläne der Alten Anatomie?

G A B R I E L   D I
11   42   5   30

G A B R I E L
    9   27

FRANKENSTEIN

Ein junger Student namens Viktor Frankenstein kommt nach Ingolstadt, um Medizin zu studieren. Vor kurzem ist seine Mutter verstorben. Viktor möchte, dass nie wieder jemand um einen lieben Menschen trauern muss. Er beschließt, das Mittel zum ewigen Leben zu suchen. Lange Zeit experimentiert er in seiner kleinen Dachkammer in der Altstadt von Ingolstadt. Er setzt einen menschlichen Körper aus Leichenteilen zusammen und es gelingt ihm tatsächlich, ihn zum Leben zu erwecken. Leider muss er erkennen, dass er ein Monster erschaffen hat, und die Tragödie nimmt ihren Anfang. Am Ende bezahlt Dr. Frankenstein sein Experiment mit dem Leben.

Den Studenten Viktor Frankenstein und sein Monster hat es in Ingolstadt natürlich nicht wirklich gegeben. Diese Geschichte entstand im Sommer 1816 am Genfer See. Einige junge Leute verbrachten dort einen furchtbar regnerischen Sommer. Eines Abends beschlossen sie, einen kleinen Wettbewerb zu veranstalten. Wer die gruseligste Geschichte schreibt, gewinnt. Alle machten sich noch in der gleichen Nacht an die Arbeit. Und so entstand Mary Shelleys (1797–1851) Roman „Frankenstein". Mary war in diesem Sommer übrigens erst 19 Jahre alt.

KENNST DU DIE SEHENSWÜRDIGKEITEN?

RÄTSEL 7

Trage das farbig markierte Lösungswort im Lösungssatz bei 45 ein.

1. Ein musikalischer Turm
2. Ein Turm, den man einstecken kann
3. Man nennt mich auch Altes Schloss
4. Bei mir gingen Studenten ein und aus
5. Ich bin das größte Gebäude in der Innenstadt
6. Meine Türme sind nicht gleich hoch
7. Wo findet man den Bürgermeister
8. Ich wurde vor langer Zeit für die Mediziner gebaut
9. Ich bin berühmt durch meine wunderschön bemalte Decke.
10. Ich bin das bekannteste Tor von Ingolstadt

GESCHICHTE

BERÜHMTE PROFESSOREN

Im Laufe der 328 Jahre, in denen Ingolstadt Universitätsstadt war, studierten oder unterrichteten dort viele wichtige Persönlichkeiten, die mit ihren Studien und Entdeckungen in die Geschichte eingingen. Vielleicht habt ihr schon einmal von ihnen gehört? Unsere Schulen wurden häufig nach ihnen benannt:

Peter Apian (1495–1552):
Er war einer der größten Mathematiker seiner Zeit, konstruierte viele astronomische Instrumente und zeichnete die erste Weltkarte, auf der das neu entdeckte Amerika zu sehen war.

Philipp Apian (1531–1589):
Philipp war der Sohn von Peter Apian und vermaß als erster Mensch ganz Bayern. Anschließend fertigte er die erste Landkarte Bayerns.

Christoph Scheiner (1575–1650):
Er entwickelte eine neue Art des Fernrohrs, das so genannte Helioskop. Auf dem Turm der mittlerweile zerstörten Kreuzkirche in Ingolstadt beobachtete er 1611 als einer der Ersten die Sonnenflecken.

Johannes Reuchlin (1455–1522):
Er unterrichtete an der Universität die Fächer Hebräisch und Griechisch.

Leonhard Fuchs (1501–1566):
Fuchs war Mediziner und Botaniker und der Herausgeber eines deutschsprachigen Kräuterbuchs. Nach ihm wurde die Fuchsie benannt.

Dr. Johannes Eck (1486–1543):
Eigentlich hieß er Johann Maier und war der Sohn eines Bauern aus Egg im Allgäu. Doch bekannt wurde er als katholischer Theologe und erbitterter Gegner der Reformation und somit Martin Luthers. Viele Jahre war er auch Pfarrer an der Moritzkirche und am Münster.

Johannes Aventin (1477–1534):
Er hieß ursprünglich Turmair und war der Erzieher von zukünftigen Herzögen. Aventin schrieb das erste Geschichtsbuch Bayerns, die Bayerische Chronik.

Professor Rattustoteles:
Mein Name ist Professor Rattustoteles und ich wohne auf dem Dachboden der Hohen Schule. Seit der Universitätsgründung gab es in meiner Familie viele Gelehrte und Professoren.
Da sich die Zeiten natürlich geändert haben, unterrichte ich meine Studenten nicht mehr in einem Universitätsgebäude, sondern im Ingolstädter Internetportal www.kidnetting.de. Außerdem sind meine Studenten ganz etwas Besonderes: Bei mir entdecken und erklären Kinder, was ihnen wichtig ist!

ASTRONOMIEPARK INGOLSTADT

Wer sich einmal richtig vorstellen möchte, wie weit die Planeten unseres Sonnensystems auseinander sind und wie groß sie im Verhältnis zueinander sind, der sollte den Astronomiepark besuchen. Er ist direkt neben der Konrad-Adenauer-Brücke, in der Nähe des Christoph Scheiner Gymnasiums.

Wie groß unsere Sonne wirklich ist, haben wir erst gemerkt als wir sie malen wollten. Leider hätte sie nicht einmal in die Werkstatt gepasst!

Mehr Informationen über den Park und alle Planeten erhaltet ihr unter:
www.astronomiepark.de

Kleiner Tipp:
Die Reihenfolge der Planeten kann man sich gut mit dem Satz merken:

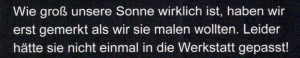

Mein   **V**ater   **E**rklärt   **M**ir   **J**eden   **S**onntag   **U**nseren   **N**achthimmel.
Merkur, **V**enus, **E**rde, **M**ars, **J**upiter, **S**aturn, **U**ranus, **N**eptun

Kunst und Kultur Garage / Kidnetting.de

Das Stadtführer-Team

GESCHICHTE

UND DAS SOLLEN WIR GLAUBEN?!

Wie ihr im letzten Kapitel schon gelesen habt, war auch ein gewisser Johannes Eck unter den Ingolstädter Professoren. Er war ein erbitterter Gegner der Reformation. Aber was bedeutet das eigentlich und wie kam es dazu?

Nach dem Mittelalter folgte eine Zeit des Umdenkens. Plötzlich standen nicht mehr ausschließlich die Kirche und Gott im Mittelpunkt. Man interessierte sich vielmehr für den Menschen selbst. Diese neue Zeit nennt man auch Renaissance, was soviel heißt wie Wiedergeburt. Doch was wurde hier genau wiedergeboren? Die Menschen beschäftigten sich wieder mit dem Wissen der alten Griechen und Römer, die in der Antike gelebt hatten.

Texte griechischer und römischer Geschichtsschreiber und Philosophen waren lange Zeit in Klöstern gesammelt worden und galten als verschollen. Viele Jahrhunderte lang wusste man nichts von ihnen. In der Renaissance hatte man sie wieder entdeckt und übersetzt, damit man sie auch bei uns lesen konnte. Die Menschen, die solche Schriften lasen und studierten, nennt man auch heute noch Humanisten. Sie befassten sich mit der Denkweise der Antike, in der Logik und Vernunft hoch angesehen waren. Nun glaubte man nicht mehr, dass Gott alles entschied und dass die Kirche die uneingeschränkte Macht besaß. Man suchte Ursachen, wenn etwas passierte, und interessierte sich für seine direkte Umgebung und den menschlichen Körper.

Ein Mann, der sich besonders viele Gedanken über diese Macht und die Weiterentwicklung der Kirche machte, war Martin Luther (1481–1546). Er war Theologieprofessor an der Universität Wittenberg. Ihn ärgerte, dass die Menschen nicht mehr so häufig zum Beichten gingen, sondern lieber so genannte Ablassbriefe kauften, damit Gott ihnen ihre Sünden erließ. Wer reich war, konnte somit immer wieder neue Sünden begehen und sich danach den Weg in den Himmel freikaufen. Wer kein Geld hatte und nur kleine Sünden begangen hatte, wäre somit nie in den Himmel gekommen. Leider verwendeten einige Pfarrer und Bischöfe dieses Geld, um ein ausschweifendes Leben zu führen.

Martin Luther veröffentlichte deshalb 1517 seine 95 Thesen, in denen er alle Dinge aufzählte, die ihn an der Kirche störten.

In den folgenden Jahren kam es zu einer Kirchenspaltung. Die protestantische Kirche auf der Seite Luthers wollte die Kirche reformieren, also neu gestalten und ver-bessern. Darum spricht man bei dieser Epoche auch von Reformation.
Der Ingolstädter Professor Dr. Johannes Eck erkannte, dass die Thesen Martin Luthers die Macht der Kirche mächtig ins Wanken brachten, und schimpfte bei jeder Gelegenheit über Martin Luther. Er wurde zu seinem ärgsten Feind.

Da Dr. Eck an der Universität Ingolstadt unterrichtete, wurde sie zum Zentrum der so genannten Gegenreformation. Einige der anderen Professoren wollten sich jedoch nicht gegen diese neuen Sichtweisen der Reformatoren stellen und mussten daher die Universität verlassen. Wer blieb und sich offen zu Martin Luther bekannte, wurde häufig vor Gericht gestellt und im schlimmsten Fall zum Tode verurteilt. In dieser Zeit mussten zahlreiche Professoren in Ingolstadt ihren Hut nehmen und verschwinden: Unter ihnen waren Philipp Apian und Leonhard Fuchs. Professor Balthasar Hubmaier (1485–1528) war eigentlich Theologe und Pfarrer am Münster. Doch auch er setzte sich für eine Erneuerung der Kirche ein und wurde 1528 in Wien auf dem Scheiterhaufen verbrannt. Seine Frau Elsbeth Hügline ertränkte der Scharfrichter in der Donau.

GESCHICHTE

DIE JESUITEN

Im Jahr 1543 war Dr. Johannes Eck gestorben und die Herzöge überlegten, wer nun in Bayern die katholische Kirche im Kampf gegen Luthers Lehren unterstützen konnte. Herzog Wilhelm IV. (1493–1550) hatte schon viel von den Jesuiten gehört und bat den Papst 1549, einige als Professoren an die Universität Ingolstadt zu schicken.

JESUITEN

Der Orden der „Gesellschaft Jesu" wurde 1534 von dem Spanier Ignatius von Loyola (1491–1556) gegründet.

Dieser Orden unterstand direkt dem Papst. Die Jesuiten wollten die Botschaft Jesu in der ganzen Welt verbreiten und ließen sich hierzu allerhand einfallen. Sie ließen Theaterstücke aufführen und unterrichteten sehr erfolgreich an zahlreichen Schulen und Universitäten. Zudem waren sie die Beichtväter der bayerischen Herzöge.

Um neue Christen für die katholische Kirche zu gewinnen, reisten die Jesuiten in weit entfernte Länder und brachten von dort viele Dinge mit, die man in Bayern noch nie zuvor gesehen hatte. Durch ihre zahlreichen Reisen waren die Jesuiten also auch Entdecker, Geographen und Sprachwissenschaftler. Ein Jesuitenpater aus Bayern wurde sogar kaiserlicher Hofastronom in China.

RÄTSEL 6

Trage die nummerierten Buchstaben in den Lösungssatz ein.

Wer veröffentlichte die 95 Thesen?

M A R T I N   L U T H E R
36   39   12 23   8

Wer war hier sein Gegner?

J O H A N N E S   E C K
  35 21   33   20

Einer dieser Jesuiten war der Niederländer Petrus Canisius (1521–1597). Was er jedoch nach seiner Ankunft in Ingolstadt vorfand, waren nicht mehr die katholischen Ideale, für die sein Vorgänger Johannes Eck jahrelang gekämpft hatte. Die Ingolstädter feierten nur noch selten Gottesdienste und die Geistlichen waren nicht allzu gelehrte Menschen. Das sollte sich in den kommenden Jahrzehnten gehörig ändern, denn die Jesuiten beschlossen, die Ingolstädter wieder für die Kirche zu begeistern. Doch zunächst brauchten sie eine Unterkunft, in der sie leben konnten. So ließen sie das Jesuitenkolleg erbauen, zu dem auch die Kreuzkirche gehörte. Erinnerst du dich noch an Christoph Scheiner? Er beobachtete vom Turm der Kreuzkirche aus die Sonnenflecken.

Die meiste Zeit verbrachten die Jesuiten als Lehrer am Gymnasium und als Professoren an der Universität. Zahlreiche bedeutende Persönlichkeiten hatten bei ihnen die Schulbank gedrückt. Auch viele Herzogskinder lernten bei den Jesuiten fürs Leben und hörten auch noch als erwachsene Herzöge auf den Rat der alten Patres.

GESCHICHTE

MARIA DE VICTORIA

1577 gründeten die Jesuiten die Marianische Kongregation. Dies war eine Vereinigung, die sich vor allem der Verehrung Marias widmete. Dieser Kongregation verdanken die Ingolstädter einen der schönsten Kirchenräume Deutschlands: die Kirche Maria de Victoria, auch Asamkirche genannt. Sie diente der Marianischen Kongregation ab 1736 als Bet- und Versammlungssaal.

Berühmt wurde der Kongregationssaal durch das Deckenfresko von Cosmas Damian Asam (1686–1739) aus dem Jahr 1734. Die Stuckarbeiten kamen aus der Werkstatt seines Bruders Egid Quirin Asam (1692–1750). Mit einer Fläche von 520 Quadratmetern gehört es zu den größten Fresken der Welt! Das Besondere an diesem Bild ist, dass es sich, wenn du dich dort im Raum bewegst, ständig perspektivisch verändert. Ein gutes Beispiel ist der Bogenschütze, dessen Pfeil immer auf dich zeigt, egal wo du dich gerade befindest. Wenn du dir dieses riesige Bild einmal anschaust oder vielleicht schon gesehen hast, dann stell dir einmal vor, dass Cosmas dafür gerade einmal sechs Wochen gebraucht haben soll!

FRESKO

Bei einem Fresko (ital. fresco = frisch) wird die Farbe auf den noch feuchten Kalkputz aufgetragen. So verbindet sich die Farbe beim Trocknen besser mit dem Untergrund und hält länger. Es wird nur so viel verputzt, wie an einem Tag gemalt werden kann. Wird auf einer trockenen Wand gemalt, nennt man das Seccomalerei (ital. secco = trocken). Diese kann aber im Gegensatz zum Fresko wieder abblättern.

Da die Jesuiten in der ganzen Welt herumreisten, um dort die Menschen für das Christentum zu gewinnen, lernten sie auch viele fremde Kulturen kennen. Sie staunten nicht schlecht, wenn sie neue Bräuche, exotische Kleidung oder auch seltsame Gegenstände bei diesen Völkern kennen lernten.

Viele dieser Jesuiten sind in ihre Heimat zurückgekommen und haben zahlreiche Souvenirs mit nach Hause gebracht. Ferdinand Orban (1655–1732) war Jesuit in Ingolstadt und erhielt viele solcher Raritäten von seinen Mitbrüdern, die zuvor jahrelang in Japan oder China gelebt hatten. Zudem war Orban Hofprediger und Beichtvater bedeutender Fürsten, die ihm zum Dank und als Erinnerung viele seltene und mitunter auch seltsame Dinge schenkten. Orbans Sammlung wurde immer größer und so beschlossen die Jesuiten, ihr einen eigenen Raum zu erbauen: den Orbansaal. Das erste Museum Ingolstadts öffnete somit um 1725 seine Pforten.

Die Besucher waren begeistert. Und sie hatten allen Grund hierzu. Zu sehen gab es unter anderem eine ägyptische Mumie, die Hirnschale eines berühmten englischen Politikers (Oliver Cromwell), eine Figur aus Menschenhaut, den Lehrstuhl des Dr. Eck und Gemälde einiger berühmter Maler wie Tintoretto, Dürer, Rembrandt und Breugel.

Dieser Orbansaal steht heute noch nördlich des Münsters. Daneben findet ihr auch das Canisius-Konvikt. Diese beiden Gebäude sind die einzigen, die von dem großen Jesuitenkolleg noch erhalten sind. Das Kolleg mit der Kreuzkirche wurde vor langer Zeit fast vollständig abgerissen und es gibt nur noch Bilder davon. Die Sammlung von Orban kam nach München und nur wenige Ausstellungsstücke blieben in Ingolstadt.

Die Asamkirche Maria de Victoria ...

Die **Asamkirche** (offiziell *St. Maria de Victoria Kirche*) ist eine barocke Kirche in Ingolstadt, die von den Brüdern Cosmas Damian und Egid Quirin Asam gestaltet wurde.

Mit dem Bau des Gebäudes wurde am 20. April 1732 begonnen. Architekt des Gebäudes war Egid Quirin Asam, während Michael Anton Prunthaler der ausführende Stadtmaurermeister war.

Das zentrale Thema des 490 Quadratmeter großen Deckengemäldes ist die Incarnatio Dominica, die Menschwerdung des Herrn.

GESCHICHTE

DIE ERSTE LANDESFESTUNG

So, genug erzählt über die Universität und ihre Professoren. Lass uns noch einmal ins Jahr 1472 zurückgehen, als Herzog Ludwig der Reiche die Universität gründete. Sein Sohn Georg der Reiche von Bayern-Landshut (1455–1503) lag 1503 im Neuen Schloss im Sterben und hatte keinen Sohn. Das war schlimm, denn damals durfte man nur Söhnen etwas vererben. Doch Georg ließ sich nicht unterkriegen. In seinem Testament schenkte er alles seiner Tochter Elisabeth (1478–1504), die mit dem Pfalzgrafen Ruprecht (1481–1504) verheiratet war. Georgs Verwandte in München fanden das nicht lustig. Dieses Testament verstieß gegen alles, was sie miteinander vereinbart hatten. Eigentlich hätte Georg alles den Herzögen von Bayern-München vererben müssen. Doch Georg starb, Elisabeth erbte alles und so kam es zum so genannten Landshuter Erbfolgekrieg gegen die Herzöge von Bayern-München.

1505 gewann Bayern-München diesen Krieg, der Münchner Herzog erhielt nun auch Bayern-Landshut und war somit Herrscher über ganz Bayern. Damit sich nie wieder bayerische Herzogssöhne über ein Stück Land stritten, beschloss Herzog Albrecht IV. der Weise (1447–1508), dass Bayern nie wieder aufgeteilt werden dürfe und nur noch der älteste Herzogssohn alles erben würde. Der Herzog regierte nun immer von München aus.

BAYERISCHES REINHEITSGEBOT

Vielleicht hast du schon einmal davon gehört, dass die Menschen in früheren Zeiten unglaublich gerne Bier tranken. Die Bierbrauer ließen sich immer neue Bierrezepte einfallen. Dies konnte schreckliche Folgen haben. Denn manche Zutaten wie etwa das Bilsenkraut waren giftig. Gelegentlich fanden die Prüfer auch Asche und andere Abfälle darin.

Herzog Wilhelm IV. von Bayern (1493–1550), Albrechts Sohn, hatte schließlich die Nase voll. Er wollte, dass seine Untertanen wieder gefahrlos ihr Bier trinken konnten. So erließ er 1516 das Bayerische Reinheitsgebot. Die Forscher vermuten, dass es das älteste Lebensmittelgesetz der Welt ist. Fortan durften die Bierbrauer ihr Bier nur noch aus Gerste, Hopfen und Wasser zubereiten.

Um 1520 war Bayern viel kleiner, als du es heute kennst. Immer wieder stritten sich die bayerischen Herzöge mit den Herrschern der Nachbarländer. Doch was geschieht, wenn plötzlich feindliche Soldaten in Bayern einmarschieren? Darüber zerbrachen sich unsere Herzöge den Kopf. Um das Land im Norden gegen Feinde verteidigen zu können, wurde Ingolstadt ab 1537 zur Festungsstadt ausgebaut. Die Stadtmauer von Ingolstadt musste lange Zeit nur Schleudern und Rammböcken standhalten. Doch verwendeten feindliche Angreifer nun immer öfter Kanonen, deren Kugeln ganze Mauerzüge einbrechen lassen konnten. Neue Verteidigungsbauten entstanden nun außerhalb der Stadtmauer.

Viele Soldaten zogen zu uns und bewachten die Stadt und das umliegende Land. Südlich der Stadt konnten Feinde sehr schlecht angreifen, denn der Boden war sehr sumpfig und sie mussten viele Donauarme überqueren. Nördlich von Ingolstadt befindet sich sehr weites und flaches Land, so dass unsere Soldaten die Feinde von den Festungsmauern aus schon von Weitem sehen konnten. Ein Überraschungsangriff war somit auch nicht möglich.

GESCHICHTE

Der Bau der Festungsanlage dauerte über 35 Jahre. Noch während der Bauarbeiten musste unsere Festung 1546 ihre erste Feuertaufe bestehen. Kaiser Karl V. (1500–1558) versammelte gerade seine Truppen in Ingolstadt, um in einen großen Krieg zu ziehen. Doch noch bevor sie losmarschieren konnten, kam ihnen der Feind entgegen: Der Schmalkaldische Bund griff Ingolstadt an, denn hier hatte sich nun der Kaiser verschanzt. Obwohl die Schmalkalder angeblich fast 3.000 Kugeln auf die Festung abgefeuert hatten, konnten sie die Stadt nicht erobern. Der Kaiser war in Sicherheit.

SCHMALKALDISCHER BUND
Der Schmalkaldische Bund wurde 1531 gegründet und war ein Zusammenschluss protestantischer Fürsten, die von den Lehren Martin Luthers überzeugt waren und diese in ihrem Land einführen wollten. Kaiser Karl V. war Katholik und ärgerte sich furchtbar über diese Adeligen, die eigentlich auf ihn zu hören hatten. Im Schmalkaldischen Krieg (1546/47) stand Ingolstadt auf Seiten des Kaisers, der schließlich auch gewann.

Wie das Leben in Ingolstadt zu dieser Zeit aussah, haben die Maler Hans Mielich (1516–1573) und Christoph Zwikopff beobachtet. Zusammen fertigten sie 16 Holzschnitte, die sie zu einem riesigen Bild zusammenlegten. Es hängt noch heute im Stadtmuseum. Darauf kannst du Hans Mielich erkennen, wie er auf einem Turm des Münsters steht und das Heerlager und die Menschen in der Stadt beobachtet.
Ganz ohne Menschen findest du die Stadt und ihre Festung im Holzmodell von Jakob Sandtner. Er war Schreinermeister in Straubing und sollte für Herzog Albrecht V. (1528–1579) kleine Nachbauten der wichtigsten bayerischen Städte anfertigen. Ingolstadt gehörte auch dazu. Wenn du die Häuser genau ansiehst, kannst du dir vorstellen, wie die Straßen und Gebäude um 1571 in Ingolstadt aussahen.

Die wohl größte Bewährungsprobe bestand unsere Landesfestung im Dreißigjährigen Krieg (1618-1648). Mittlerweile trugen unsere Herzöge den Titel Kurfürst.

In diesem Krieg war Graf Tilly (1559–1632) der wichtigste Feldherr, den Bayern besaß. Er führte die Truppen des Kurfürsten Maximilian I. (1573-1651) gegen die feindlichen Schweden an und wurde 1632 bei einer Schlacht bei Rain am Lech schwer verletzt. Seine Soldaten brachten ihn in die Landesfestung Ingolstadt. Doch alle Hoffnung war vergebens. Tilly verstarb zwei Wochen später am 30. April im so genannten Tillyhaus an genau jenem Tag, an dem auch dem schwedischen König etwas Schreckliches in Ingolstadt passieren sollte. Doch dazu später mehr.

Die Truppen des Kurfürsten Maximilian I. (1573–1651) erkannten, dass die Schweden sehr gefährliche Gegner waren. So zogen sich die Truppen Maximilians in die Festung Ingolstadt zurück. Doch die Schweden waren im Anmarsch und belagerten nun fünf Tage lang die Stadt. Die Stadttore hatte man zuvor noch rechtzeitig verschlossen, so dass die Schweden nicht in die Stadt eindringen konnten.
 Der schwedische König Gustav Adolf II. (1594–1632) überlegte angestrengt, wie er die Ingolstädter überlisten könnte. Am 30. April ritt er mit seinem weißen Pferd vor

GESCHICHTE

der Stadt auf und ab und beobachtete die Soldaten auf der Stadtmauer. Irgendwo musste es doch ein Schlupfloch geben! Doch eh er sich versah, hörte er einen lauten Knall und lag am Boden. Sein Pferd war tot. Was war geschehen? Da hatten ihm die Ingolstädter doch glatt sein Pferd unter dem Hintern weggeschossen!

Eigentlich wollten die Ingolstädter nur einen Warnschuss abgeben. Als sie dabei sogar sein Pferd getroffen hatten, freuten sie sich diebisch. Das war ein unglaublicher Glückstreffer. Schade war es nur um das arme Pferd.

Nachdem die Schweden einige Tage später unverrichteter Dinge abgezogen waren, holten die Ingolstädter das tote Pferd in ihre Stadt, stopften es aus und stellten es als Siegestrophäe auf. Heute gilt der Schwedenschimmel als das älteste ausgestopfte Tier in Europa. Wenn du Lust hast, kannst du den armen Kerl im Stadtmuseum besuchen. Die Leute erzählen sich, dass er vor jedem Krieg einmal ordentlich wiehert. Das letzte Mal hörte ihn eine Putzfrau 1939 vor Beginn des Zweiten Weltkrieges.
Die Landesfestung und die strategisch wichtigen Donauübergänge wurden nicht eingenommen und die Altstadt blieb verschont. Die Dörfer um Ingolstadt herum wurden alle ausgeraubt und zum Teil auch niedergebrannt.

Nachdem sich der bayerische Kurfürst Maximilian I. auf einer Wallfahrt nach Bettbrunn ordentlich erkältet hatte, verstarb er 1651 in Ingolstadt. Sein Sohn Ferdinand Maria (1636–1679) baute in den folgenden Jahrzehnten unsere Festung weiter aus. Sie sollte noch zwei große Kriege miterleben: den Spanischen Erbfolgekrieg 1704 und den Österreichischen Erbfolgekrieg 1743.

DER TEUFEL UND DIE SCHILDWACHE

Nacht für Nacht saß der Teufel auf der Festungsmauer und beobachtete klammheimlich die Wachen, wie sie auf und ab gingen und dabei ein seltsames Ding in den Händen hielten. Die Nacht war ordentlich langweilig und der Teufel beschloss, einen der Wachposten ins Jenseits zu befördern.

Also suchte er sich einen Mann heraus, tauchte mit einem schrecklichen Knall vor ihm auf und erklärte ihm, dass er jetzt mit ihm zusammen in die Hölle hinabfahren müsse, sein letztes Stündlein habe geschlagen.

Der Wachposten blieb ganz ruhig und bat den Teufel, noch schnell seine Pfeife zu Ende rauchen zu dürfen. Er sei nämlich sehr stolz auf seine neue Pfeife, da sie eine ganz neue Erfindung sei. Man müsse nur das lange Rohr in den Mund nehmen und dann diesen kleinen Hebel drücken und schon ziehe sie richtig gut durch. Denn das mache ja schließlich eine gute Pfeife aus.

Der Teufel wurde neugierig und bekam ordentlich Lust, diese seltsame Pfeife auszuprobieren, und bat den Wachposten, auch einmal an ihr ziehen zu dürfen. Der schlaue Wachposten aber reichte dem Satan sein Gewehr, das sich dieser auch gleich in den Mund steckte. Er erschrak nicht schlecht, als das Gewehr in seinen Händen losfeuerte und er hierbei fast seinen Kopf verlor. So eine Blamage! War er doch wieder einmal auf die üblen Scherze der Ingolstädter hereingefallen! Sauer und beschämt fuhr der Teufel alleine in die Hölle hinab. Ihn quälten so starke Kopfschmerzen, dass er sich noch acht lange Tage ins Bett legen musste. Von den Wachposten der Festung ließ er in Zukunft die Finger und auch um alle Pfeifen und Gewehre machte er fortan einen großen Bogen.

GESCHICHTE

DIE PEST IN INGOLSTADT

Viele Jahrzehnte lang konnte Ingolstadt kriegerischen Angriffen standhalten. Doch Seuchen und Hungersnöte blieben den Ingolstädtern nicht erspart. Die bekannteste Seuche war die Pest. Wer an ihr erkrankte, musste innerhalb weniger Tage sterben. Nur sehr wenige Menschen überlebten diese Krankheit.

Zwischen 1483 und 1649 berichten die Ingolstädter Ratsbücher von mehr als 20 Seuchen, welche die Stadt heimsuchten. Es spielte keine Rolle, ob man die Pest, Blattern, Fleckfieber, Grippe, Pocken, Ruhr oder Typhus hatte. Sie alle wurden als „Pest" bezeichnet. Wann genau die richtige Pest in Ingolstadt wütete, können die Forscher nicht mehr genau sagen.

Um das Jahr 1633 lebten etwa 4.500 Menschen in Ingolstadt. Bei der großen Pestwelle von 1632 bis 1634 starben etwa 3.000 von ihnen.

Die Bürger gaben bösen Geistern, ungünstigen Sternkonstellationen und sogar den Juden die Schuld. Tatsächlich wurde der „Schwarze Tod", wie man die Pest auch nannte, durch Ratten oder deren Flöhe auf den Menschen übertragen. Auch die hygienischen Verhältnisse der damaligen Zeit trugen dazu bei, dass sich die Pest rasend schnell verbreitete. Es gab keine Kanalisation und keine Müllabfuhr. Der Abfall landete auf der Straße oder dem Misthaufen vor dem Haus.

Um all die Pesttoten würdig begraben zu können, reichten die alten Ingolstädter Friedhöfe nicht aus. Bereits 1495 schienen sich die Ingolstädter Gedanken zu machen, wo man eine kleine Pestkirche mit Pestfriedhof errichten könnte. Denn kurze Zeit später bauten sie eine kleine Kirche.

Der heilige Sebastian war vor langer Zeit mit Pfeilen erschossen worden. Und die Menschen dachten, die Pest käme wie ein Pfeil durch die Luft geflogen und träfe so den Körper. Das war der Grund, weshalb die Bürger sich den heiligen Sebastian als Schutzpatron ihres kleinen Pestkirchleins wählten. Wenn du Lust hast, kannst du die Sebastianskirche mit dem alten Pestfriedhof besuchen. Doch keine Angst: Die alten Gräber kannst du heute nicht mehr sehen. Auf dem alten Friedhof befindet sich jetzt eine große Wiese.

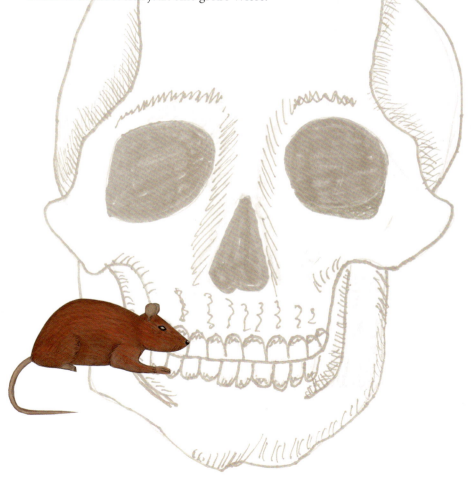

Sebastianskirche

In der 4. Klasse besuchten wir die Sebastianskirche. Unsere Lehrerin erzählte uns, dass diese katholische Kirche zur Pfarrei St. Moritz gehört. Sie wurde dem heiligen Sebastian, dem Schutzpatron der Pestkranken, geweiht. Die Kirche wurde, wie man auf dem Stadtmodell von Jakob Sandner aus dem Jahre 1572 erkennen kann, im spätgotischen Stil erbaut. Meine weiteren Recherchen ergaben, dass die Sebastianskirche 1634/35 verlängert wurde. Als die Pest in Ingolstadt wütete, wurde das Bauwerk und der Friedhof für die Pesttoten erweitert. Dies geschah auf Grund eines Gelübdes des damaligen Ingolstädter Stadtrates.

Das Gebäude wurde von der Sebastiansbruderschaft erworben und, als es vom Abriss bedroht, war 1834 renoviert. Zuletzt wurde das Bauwerk 1986 und 1989 renoviert. Ich finde es schön, dass sich seit einiger Zeit der Freundeskreis Sebastianskirche Ingolstadt dem Erhalt der Sebastianskirche angenommen hat. Vielleicht kann man so dieses Ingolstädter Schmuckstück auch weiterhin der Nachwelt erhalten. Mir gefällt die Kirche deshalb so gut, weil sie bei all der Hektik des täglichen Lebens, inmitten der Innenstadt eine Oase der Stille und Geborgenheit darstellt.

GESCHICHTE

PLAGEGEISTER DER MENSCHHEIT

In den vielen Jahrtausenden der Geschichte hatten wir Menschen immer treue Begleiter und Mitbewohner, denen wir hier auch ein Kapitel widmen. Als ungebetene Gäste haben sie den Menschen schon immer das Leben zur Hölle gemacht: das Ungeziefer.

Es gibt verschiedene Parasiten, die sich von menschlichem Blut ernähren: Von den Flöhen hast du ja schon gehört. Doch es existieren noch viele weitere Quälgeister. Die Kopflaus lebt am liebsten zwischen den Kopfhaaren von uns Menschen. Auch die Filzlaus hat eine Vorliebe für behaarte Körperregionen. Die Kleiderlaus tummelt sich auch gerne in unseren Haaren, aber noch viel lieber nistet sie sich in unseren Kleidungsstücken ein.

Die Bettwanze hält sich tagsüber in trockenen Verstecken, z. B. in Betten und Matratzen, auf. Nachts kommt sie dann aus ihrem Versteck und bedient sich an den schlafenden Menschen.

Alle diese Plagegeister können über ihren Kot verschiedene Krankheiten übertragen. Dies geschieht auch, wenn sie zuvor das Blut eines kranken Menschen gesaugt haben. Außerdem jucken die Bisse ganz fürchterlich: Die Menschen kratzen sich und in die Kratzwunden können so Bakterien gelangen.

Besonders in Epochen, in denen nicht besonders auf Hygiene geachtet wurde, oder in Kriegszeiten, in denen Menschen unter schrecklichen Bedingungen überleben mussten, starben sehr viele Menschen an Krankheiten, die durch Parasiten übertragen worden waren.

Die Pest, Hepatitis, Fleckfieber und andere Seuchen konnten sich so schnell ausbreiten und forderten viele Menschenleben. Man könnte hier noch einige ungeliebte Plagegeister wie Bandwürmer oder Milben aufzählen, die den Menschen als Wirt benutzen.

Nicht nur wir Menschen, sondern auch unsere Essensvorräte wurden von Schädlingen befallen. In Zeiten, in denen es noch keine Kühlschränke, Vorratsdosen und Vakuumverpackungen gab, musste man sich etwas einfallen lassen, um die Nahrungsmittel vor ihnen zu schützen. Denn war die ganze Nahrung erst vom Ungeziefer befallen, hatte man nichts mehr zu essen. Die Menschen mussten hungern, fühlten sich schwach und waren so anfälliger für Krankheiten.

Einen dieser Schädlinge kennst du bestimmt: die Schabe oder auch Kakerlake. Sie ist ein Allesfresser und gerne dort zu Hause, wo es leckeres Essen gibt. Im Unterschied zu den Blutsaugern beißt sie den Menschen nicht. Über ihre Ausscheidungen, die sie auf den Lebensmitteln hinterlässt, überträgt sie schlimme Krankheiten wie Tuberkulose oder Salmonellen. In unseren Nahrungsvorräten vermehren sich verschiedene Mottenarten wie die Mehlmotte. Leider benutzen auch sie keine Toilette und tragen oft Milben und Pilze mit sich spazieren. Wenn man diese verunreinigten Lebensmittel isst, kann es zu Magen-Darm-Erkrankungen oder Allergien kommen.

So, nun aber genug mit diesem Ungeziefer! Sicherlich siehst du es schon überall krabbeln!

GESCHICHTE

DAS LETZTE JAHRHUNDERT DER UNIVERSITÄT

Um 1700 war die Hohe Schule – unser Universitätsgebäude – so baufällig, dass die Studenten Angst hatten, das Haus zu betreten. Bald schmiedeten sie große Pläne. Ein wunderschöner Neubau sollte her, größer und prächtiger als es sich die Ingolstädter jemals hätten träumen lassen. Doch es kam leider anders. Der bayerische Kurfürst hatte hohe Schulden und gerade andere Probleme. Er zog von einem Krieg in den anderen und verlor hierdurch noch mehr Geld. So beschloss er, den Neubau später in Angriff zu nehmen. Dazu sollte es nie kommen.

ADAM FREIHERR VON ICKSTATT

Der bayerische Kurfürst Max III. Josef (1727–1777) hatte als kleiner Junge einen Lieblingslehrer, den er sehr bewunderte. Als Max groß war, fragte er seinen Lehrer, ob er denn Professor in Ingolstadt werden wollte. Wenn er Lust hätte, dürfte er auch Direktor der Universität werden. Das war eine große Ehre für den Lehrer, der einen langen Namen hatte: Adam Freiherr von Ickstatt (1702–1776). 1746 kam er nach Ingolstadt und krempelte die verstaubte Universität um.

DIE ILLUMINATEN

Adam Weishaupt (1748–1830) wurde in Ingolstadt geboren und verlor schon früh seine Eltern. Deshalb wurde er von den Jesuiten erzogen. Später wurde er Professor für Kirchenrecht an der Hohen Schule. Er gründete 1776 den Orden der Illuminaten, was soviel bedeutet wie „die Erleuchteten".

Dieser Geheimbund wollte einflussreiche Leute zusammenführen, welche die Moral und Tugend der Menschen verbessern sollten. Alle Menschen sollten in Zukunft gleich sein und gleiche Rechte haben. Um ihre Ideale auf der ganzen Welt zu verbreiten, strebte Weishaupt eine Verbindung mit dem Geheimbund der Freimaurer an.

Die Mitglieder der Illuminaten lebten in ganz Europa und wurden immer einflussreicher. Der bayerische Kurfürst Karl Theodor (1724–1799) hörte Gerüchte, dass ihn die Illuminaten vom Thron stoßen wollten. Deshalb verbot er den Geheimbund 1784.

Einige der bedeutendsten Ordensmitglieder der Illuminaten dürftest du kennen: Unter ihnen waren so berühmte Leute wie der Freiherr von Knigge (1752–1796), Johann Wolfgang von Goethe (1749–1832) oder auch der Pädagoge Pestalozzi (1746–1827).

RÄTSEL 7

Mit der Geheimschrift der Illuminaten kannst du selbst Botschaften entwickeln. Finde das verschlüsselte Wort heraus und trage es im Lösungssatz bei 44 ein.

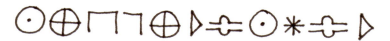

Ickstatt Realschule Johann Freiherr von Ickstatt

Johann Adam Ickstatt wurde am 6. Januar 1702 zu Vockenhausen bei Frankfurt am Main geboren. Sein Vater war Hammerschmied. Nach dem Besuch des Mainzer Gymnasiums wanderte er nach Paris, wo er seinen Lebensunterhalt durch Privatunterricht bestritt. Nachdem er sein ganzes Geld verbraucht hatte, segelte er als Matrose nach England. Als Ickstatt mit 23 Jahren nach Deutschland zurückkehrte, studierte er an den Universitäten Marburg und Mainz. Bedeutungsvoll für Ickstatt war 1741 der Ruf nach München. Dort übernahm er die Erziehung des Prinzen Maximilian Joseph. Als dieser selbst zum Kurfürst wurde, bot er seinem ehemaligen Lehrer an Professor und Direktor an der Universität Ingolstadt zu werden. Nach der Aufhebung des Jesuitenordens 1773 und der damit verbundenen Neuordnung der Universität Ingolstadt entwickelte Ickstatt einen Plan um das ganze Schulwesen erneuern. Er wollte vor allem für künftige Handwerker, Geschäftsleute und Künstler Realschulen anlegen, an denen Mathematik und Naturwissenschaften gelehrt und durch Instrumente und Experimente besser erklärt werden sollten. Auch an der Abfassung von Schulbüchern wollte er sich beteiligen. Er adoptierte den zum Waisen gewordenen Adam Weishaupt, den Gründer des Illuminaten–Ordens. Ickstatt starb auf einer Dienstreise im August 1776 in Waldsassen an einem Schlaganfall. In der Ludwigstraße kann man noch sein Wohnhaus mit der barocken Fassade bewundern.

GESCHICHTE

DAS ENDE DER UNIVERSITÄT

1799 drohte wieder einmal Krieg. Kurfürst Max IV. Joseph (1756–1825) überlegte, sich wieder in der Festung Ingolstadt zu verschanzen, falls es zu einem Angriff kommen sollte. Schon seit Längerem dachte er darüber nach, die Universität in eine andere Stadt zu verlegen. Jetzt hatte er einen guten Grund: Wie sollten die Studenten bei so viel Aufruhr während eines Krieges in Ruhe studieren können? Ingolstadt lag direkt an der Grenze und ein Angriff durch feindliche Truppen war sehr wahrscheinlich. Max befahl im Jahr 1800, dass die Universität nach Landshut umzuziehen hatte. Somit waren auch endlich all die Streitereien zwischen den Studenten und den Soldaten der Festung vorbei. Ständig war es deshalb in Ingolstadt zu Duellen, Prügeleien und Beschimpfungen gekommen.

So versammelte sich z. B. im Jahr 1764 wieder einmal ein Menschenauflauf in der Stadt. Bürgermeister Johann Adam Schleubinger wohnte in der Ludwigstraße 7 und schaute verärgert aus seinem Fenster. Was war denn dort unten schon wieder los? Wer machte denn hier wieder so viel Lärm? Einige Soldaten hatten sich eine wilde Rauferei mit Studenten geliefert. Jemand zog eine Waffe und schoss. Die Kugel traf nicht wie geplant einen der Streithähne. Stattdessen sank der neugierige Bürgermeister an seinem Fenster tot zusammen. Ein Querschläger hatte ihn versehentlich getroffen.

Dieser und andere Zwischenfälle erleichterten dem Kurfürsten die Entscheidung, die Universität aus der Festung Ingolstadt herauszunehmen. Sie war jedoch nur von 1800 bis 1826 in Landshut. Danach zog die Universität nach München, wo sie heute noch unter dem Namen Ludwig-Maximilians-Universität besteht.

328 Jahre war unsere Universität das geistige Zentrum Bayerns. In ganz Europa kannten gebildete Menschen die Hohe Schule zu Ingolstadt. München wird bis zum Jahr 2154 warten müssen, um eine vergleichbare Zeit an Universitätsjahren zu erreichen.

SCHWERE JAHRE FÜR INGOLSTADT

Es traf Ingolstadt sehr hart, als die Universität im Jahr 1800 nach Landshut verlegt wurde. Viele Einwohner der Stadt hatten ihr Geld verdient, indem sie für die Studenten und Professoren kochten oder an sie Zimmer vermieteten. Wer sollte nun bei ihnen übernachten? Für wen sollten sie Kleider nähen oder ein leckeres Mittagessen kochen? Wer kaufte Brot oder Bier? Von den über 7.000 Ingolstädtern zogen viele in andere Städte, um dort wieder ordentlich Geld verdienen zu können. Schließlich lebten nur noch etwa 4.800 Menschen in unserer Stadt.

Doch es kam noch schlimmer. Frankreich und Bayern führten miteinander Krieg. Bayern verlor eine Schlacht um die andere. Französische Soldaten hatten Ingolstadt drei Monate lang belagert und durften schließlich ungehindert in die Stadt einmarschieren.
Sie begannen sofort mit der Schleifung der Festung. Ungefähr 7.000 Arbeiter mussten die Festungsbauten Stein für Stein abtragen und zerstören. Wo sie gestanden hatten, blühten nun Gärten, Felder und Wiesen.

Während der Napoleonischen Kriege zogen bis 1812 immer wieder Truppen durch die Stadt, die von den Ingolstädtern versorgt werden mussten. Allein zwischen September 1805 und Dezember 1806, also innerhalb eines Jahres, sollen über 168.600 Soldaten mit ihren Truppen aus Frankreich, Holland, Österreich und Bayern in Ingolstadt gewesen sein. Und sie brachten über 41.800 Pferde mit. Kannst du dir vorstellen, wie sehr die Ingolstädter zu schuften hatten, bis all diese Menschen und Pferde mit Essen, Trinken und Unterkunft versorgt waren? Eines ist sicher: Glücklich waren unsere Einwohner darüber nicht gerade.

GESCHICHTE

NAPOLEON BONAPARTE

Napoleon Bonaparte kam 1769 auf der Insel Korsika zur Welt und war ein sehr talentierter Soldat. Er machte Karriere in der französischen Armee und übernahm 1799 im Alter von 30 Jahren die Macht in Frankreich. 1804 ließ er sich zum Kaiser krönen. Doch das war ihm nicht genug. Napoleon wollte ganz Europa erobern. Deshalb zettelte er Kriege an, wo er nur konnte. Über viele Jahre hinweg kämpften seine Soldaten gegen alle bedeutenden Armeen Europas. Die Forscher nennen diese Kämpfe auch die Napoleonischen Kriege (1799-1815). Erst in der Schlacht bei Waterloo konnte Napoleon 1815 endgültig besiegt werden. Er wurde auf die kleine Insel St. Helena verbannt und starb dort 1821.

Der berühmteste Besucher in dieser Zeit war übrigens der französische Kaiser Napoleon (1769–1821), der 1809 im Neuen Schloss übernachtete.
Leider gingen in diesen Zeiten großer Not auch bedeutende Kunstschätze unwiederbringlich verloren. Gold und Silber waren sehr wertvoll und Bayern brauchte dringend Geld. So wurden viele Kostbarkeiten eingeschmolzen oder verkauft.
Kannst du dich noch an Herzog Ludwig den Bärtigen erinnern? Der französische König hatte sehr hohe Schulden bei ihm, die er nicht zurückzahlen konnte. Deshalb gab er Ludwig als Entschädigung viele wertvolle Schätze. Eines dieser Kunstwerke war eine kleine Skulptur, die als die „Gnad" berühmt wurde. Darauf konnte man Maria mit dem Jesuskind und das französische Königspaar mit ihren Namenspatronen sehen. Gold, Perlen und Edelsteine glänzten um die Wette. Königin Isabeau soll dieses Kunstwerk ihrem Ehemann 1404 zum Neujahrstag geschenkt haben.
Doch zurück zu unseren Ingolstädtern: Da sie dieses wertvolle Stück zum einschmelzen abgeben mussten, zerbrachen sie 1801 die „Gnad" vorsichtshalber in 32 Teile. Wenn die Ingolstädter dieses Kunstwerk schon hergeben mussten, sollte auch kein anderer es besitzen.

RÄTSEL 10

Kaiser Napoleon kam am 18. April 1809 durch das Kreuztor nach Ingolstadt, um im Neuen Schloss zu übernachten. Welchen Weg hat er wohl gewählt, um dort hinzugelangen?

Trage den Buchstaben des richtigen Weges im Lösungssatz bei 16 ein.

GESCHICHTE

INGOLSTADT WIRD WIEDER LANDESFESTUNG

Wie uns die Stadtgeschichte nun schon öfter gezeigt hat, folgte auch auf diese Niederlage der Stadt wieder ein Aufstieg.

Kurfürst Max IV. Joseph war nun König und nannte sich Max I. Er beschloss 1806, Ingolstadt wieder zur Landesfestung auszubauen. Doch es dauerte noch viele Jahre, bis sich bei uns etwas tat. Erst der Sohn von Max, König Ludwig I. (1786–1868), legte 1828 den Grundstein für die so genannte „Tillyveste". Sie besteht noch heute aus dem halbkreisförmigen Reduit Tilly am Donauufer und den beiden seitlichen Türmen Triva und Baur.

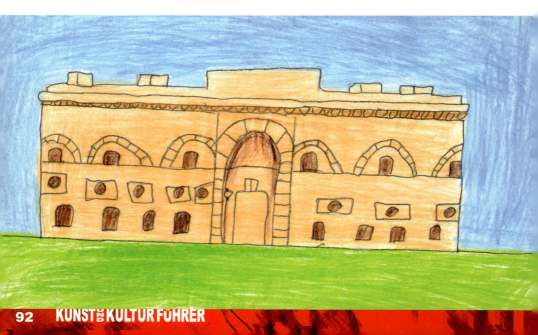

Etwa zur gleichen Zeit erhielt auch die Donau ihr großes Flussbett, das du heute noch sehen kannst. Sie wurde begradigt. Alle kleinen Nebenarme trennte man ab und so wurden sie zu kleinen Auen und Lohen, die langsam vertrockneten. Übrigens schützen seither lange Dämme unsere Stadt vor Hochwasser. Im Laufe der folgenden Jahre bauten die Ingolstädter ihre Festung immer weiter aus und verstärkten sie. Zeitweise waren hierzu über 7.000 Arbeiter im Einsatz. Sie verrichteten so genannte Schanzarbeiten und kamen oft von weit her. Da man sich in unseren Festungsbauten vor Feinden verschanzen konnte, nennt man Ingolstadt auch die „Schanz". An den Entwürfen der Festungsanlage war auch der berühmte Architekt Leo von Klenze beteiligt, nach dem später auch der Klenzepark benannt werden sollte.

Einige Teile der Festung sind noch heute erhalten und wenn du Lust hast, kannst du dich auf Spurensuche machen:
Reduit Tilly, Turm Baur und Turm Triva, Künettegraben (ein mit Wasser gefüllter Graben), Fronte Rechberg, Fronte Butler, die heute Fronte 79 genannt wird, die Kavaliere Zweibrücken, Hepp, Elbracht und Heydeck.
Das Glacis lag vor der Festung und durfte nicht bebaut werden. Rückte ein Feind an, so konnte man ihn auf dem Glacis schon sehr bald sehen. Als man mit Gewehren immer weiter schießen konnte, pflanzten die Festungsleute stachelige Sträucher an, die dem Feind den Blick auf die Festung teilweise verwehrten, aber auch ordentlich piecksten, wenn man ihnen zu nahe kam. Er wusste somit zunächst nicht, wo genau er angreifen konnte. Das Glacis führt auch heute noch um die Altstadt und lädt zu Spaziergängen und einem Spielplatzbesuch ein.

DIE FESTUNGSBAUTEN IM KLENZEPARK

Die Festungsbauten im Klenzepark sind riesig. Alleine der Turm Triva hat ein Grundfläche von 50 mal 79 Meter. Der Architekt, dem wir diese Bauwerk verdanken, war Leo von Klenze. Nach ihm wurde auch der Park benann

Tim, 7 Jahre:
Mein Bruder hat mir geholfen, die Zahlen auf dem Reduit Tilly zu enträtseln:
M = 1000   D = 500   C = 100   X = 10   V = 5   I = 1
Jetzt weiß ich, dass im Jahr 1828 die Festungsbauten im Auftrag König Ludwigs I. im heutigen Klenzepark errichtet wurden.

Anita, 7 Jahre: Es ist Frühling und aus dem offenen Fenster schaut eine starke Königin, die alles bewacht. Genau über ihrem Kopf mit Krone sieht man den hellen Schein eines Kronleuchters. Die runde Stelle darüber ist eine Kanone, die zu ihrer Verteidigung dient.

Leonie, 5 Jahre: Vor dem Turm Triva steht ein Pferd, das gemütlich Gras frisst. Auch eine Pferdebox und eine bunte Satteldecke habe ich gemalt. Am Eingangsportal habe ich gleich Schlüssel und Schloss angebracht, damit man nicht lange suchen muss. Links im Bild sehen wir in T-Form das Kunstwerk von Alf Lechner.

Sascha, 6 Jahre: Hinter den schwarzen Fenstern oder Schießscharten konnten sich die Soldaten zur Verteidigung der Festung verschanzen. Ich habe die Festung im Winter gemalt, der Schnee fällt gerade auf die Bäume und das Eingangsportal.

KUNSTWERK IM KLENZEPARK

Marlene, 7 Jahre: Ich habe den Turm Triva gemalt. Davor sieht man eine Prinzessin, die in friedlichen Zeiten draußen spielt.

Franziska, 7 Jahre; Die Königsfamilie ist an einem warmen Tag draußen zum Luft schnappen. Das Baby liegt in seinem Bettchen. Die Krone habe ich gleich dort angebracht, damit es bequem liegen kann. Links im Bild steht noch eine offene Schatztruhe voller Goldmünzen, schließlich war der König der reichste Mann im ganzen Land. Die Verteidigungsarmee hält sich hinter der schwarzen Tür versteckt.

Nathalie, 6 Jahre: Auf meinem Bild sieht man das Portal und die Tilly-Wiese, auf der gerade ein Ritter heranreitet. Auch die Donau ist zu sehen.

Malkurs, Leitung Katharina Emeneth

Fronte79

Jeder Ingolstädter kennt die Fronte 79, jenen monumentalen Festungsbau am Künettegraben. Sie wurde 1842 als Teil der Landesfestung unter dem Namen Fronte Butler fertig gestellt. Idyllisch zwischen Hallen- und Freibad gelegen, verbirgt sich seit 1987 unter der Trägerschaft des Stadtjugendring Ingolstadt hinter den teilweise meterdicken Backsteinmauern Bayerns größtes und wohl auch schönstes Jugendzentrum.

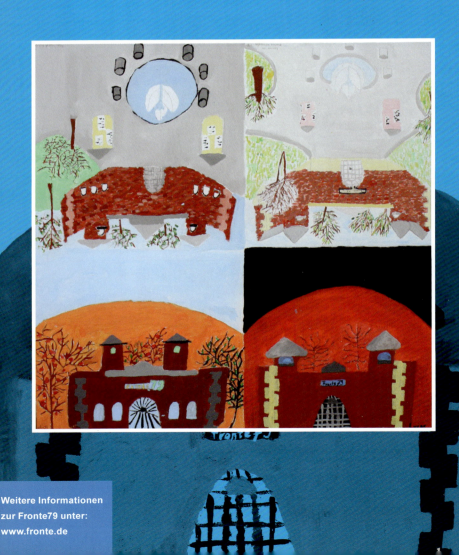

Bild: Malkurs in der Fronte unter der Leitung von Eva Tschorscke

Weitere Informationen zur Fronte79 unter: www.fronte.de

DIE LANDESFESTUNG

Trage die nummerierten Buchstaben in den Lösungssatz ein

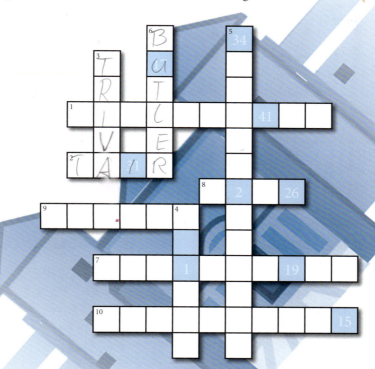

1. Wie nennt man die Festungsbauten im Klenzepark
2. Die städtische Musikschule befindet sich im Turm …
3. Der Turm gegenüber im Klenzepark heißt …
4. Ingolstadt bekam durch den Festungsbau den Namen die …
5. Wie nennt man einen mit Wasser gefüllten Graben?
6. Die Fronte79 hieß ursprünglich Fronte …
7. Die Dämme schützen uns vor …
8. Das Stadtmuseum findet ihr im Kavalier …
9. Welcher Teil vor der Festung durfte nicht bebaut werden?
10. Wie heißt der Park, der nach einem Architekten des Festungsbaus benannt wurde?

KAVALIER ELBRACHT

„Unsere Schule schaut aus, wie eine halbe Hose mit Füßen!"

- Johann-Nepomuk-von-Kurz-Schule
- Staatliches Bauamt
- Unsere Sportstätten (Turnhalle + Schwimmbad)

JOHANN-NEPOMUK-VON-KURZ-SCHULE
mit Heilpädagogischer Tagesstätte
+Staatliches Bauamt

Wir, die Schüler und Schülerinnen der Johann-Nepomuk-von-Kurz-Schule, gehen jeden Tag in ein sehr altes und denkmalgeschütztes Bauwerk zur Schule.

 Unser Kavalier Elbracht ist Teil der Ingolstädter Landesfestungsanlagen. Diese Festungen stehen rund um die ganze Altstadt und an der Donau.
Geplant wurde unser Gebäude vom Festungsbaumeister Michael von Streiter.
Der berühmte Leo von Klenze hat sich die Fassade (das Äußere) ausgedacht.
Gebaut wurde das Gebäude von 1839 bis 1844.
Es ist also schon über 165 Jahre alt.

Als Schule (linker Teil) wird das Gebäude aber erst seit 1987 genutzt.
Im rechten Teil ist das Staatliche Bauamt Ingolstadt zu finden.
Früher waren natürlich die Soldaten und ihre Waffen hier untergebracht. Nach dem zweiten Weltkrieg wohnten in den Räumen viele Familien (z.B. Kriegsvertriebene).
Danach stand das Kavalier Elbracht lange leer.

Johann-Nepomuk-von-Kurz-Schule

Unsere Mauern sind einen Meter dick. An manchen Stellen sogar noch mehr.
Es ist und war eine Festung, die was aushalten musste – und uns hält das Gebäude ja auch aus.

Das Kavalier Elbracht vor dem Umbau (1984)!

Wir sind eine Schule für Körperbehinderte mit über 130 Kindern und Jugendlichen. Bei uns im Haus arbeiten Sonderpädagogen, Erzieher, Kinderpfleger, Therapeuten, Zivildienstleistende, FSJler, Krankenschwestern ...
Aber vor allem müssen WIR SCHÜLER viel ARBEITEN, wie man hier sieht:

Ganz besonders toll und spannend sind immer unsere riesig großen Feste (Sommerfest, Fasching, Weihnachtsbazar) und die Veranstaltungsreihe: Kunst und Kultur im Kavalier!

Wir haben viele besondere Räume bei uns im Haus: normale Klassen-, Werk,- Gruppen- und Therapieräumen aber auch: Bücherei, Snoezelenraum, Bällebad, Computerraum, Spielecken, Pflegeräume, zwei Aufzüge, Schulgarten,

Unsere Schule ist schön und wir benutzen auch gerne unsere vielen Sportmöglichkeiten.

Uns macht es hier Spaß!

Die Schule wurde schön hergerichtet.

Die Klassenzimmer sind zwar klein, aber wir machen ja oft auch schöne Ausflüge!

Im Sommer schützen uns die dicken Wände vor der Hitze.

Johann-Nepomuk-von-Kurz-Schule
Elbrachtstraße 20   85049 Ingolstadt

Besucht uns doch mal im Internet: www.k-schule-in.de oder schreibt uns einen Brief. Vielleicht können unsere Mitschüler und unsere Klassen mit deiner Klasse mal etwas zusammen machen.   Die Klasse 7 / H. Christmann – Schuljahr 2008/2009

Kavalier Hepp

Das Kavalier Hepp wurde von 25 Kindern im Zeitraum von Novemer 08 bis Januar 09 gebastelt. Viele Beobachtungsgänge waren notwendig um das Kavalier nachbauen zu können. Die Kinder wurden tatkräftig von unserem FOS Praktikanten Waldemar unterstützt. Sie waren mit Eifer dabei und setzten sich intensiv mit unserem unmittelbaren „Nachbarn" auseinander. Einige Mädchen interviewten die Museumspädagogin und brachten Daten und historische Geschichten mit in unsere Gruppe, die sie auf einem Plakat festhielten. Aus großen und kleinen Kartons wurde das Kavalier zusammengeklebt. Danach mit Kleister und Papier stabilisiert. Anschließend ging es an die Feinarbeiten, wie Fenster malen und ausschneiden. Die Gitterstäbe wurden aus Streichhölzern und Schaschlikstäbchen hergestellt. Die richtige Farbe für die Außenfassade musste gemischt werden, die Backsteine wurden mit Schwammtechnik gestaltet.

Hort auf der Schanz

25 Kinder vom Hort auf der Schanz / Haus Miteinander

GESCHICHTE

Je größer die Landesfestung wurde, umso mehr Soldaten zogen nun nach Ingolstadt. 1861 waren zwei Drittel der Bevölkerung beim Militär beschäftigt. Die Stadt hatte nun etwa 15.000 Einwohner. Doch hierdurch stieg nun auch wieder der Wohlstand, denn alle diese Soldaten brauchten Essen, Schuhe, Kleidung und vieles mehr. Es gab jedoch auch Nachteile, die das Militär mit sich brachte. Die so genannten Rayongesetze verboten es den Bürgern bis 1895, außerhalb der Festungsanlagen zu bauen. Immer mehr Menschen lebten deshalb innerhalb der Stadtmauer. Die Innenstadt platzte bald aus allen Nähten.
Obwohl die Stadt nun so gut befestigt war, wurden die Stadttore an den großen Landstraßen nach wie vor nachts geschlossen und streng bewacht.

Im 19. Jahrhundert erhielt das Königreich Bayern viele Gebiete, die das heutige Schwaben und Franken bilden. So lag Ingolstadt nun nicht mehr an der nördlichen Landesgrenze, sondern war nun etwa in der Mitte Bayerns zu finden. Und bald sollten die Menschen auch nicht mehr mit der Postkutsche nach Ingolstadt reisen, sondern mit der Eisenbahn. Denn in den Jahren 1867 bis 1878 wurden die Zugstrecken nach München, Nürnberg, Regensburg, Donauwörth und Augsburg gebaut. Ingolstadt war jetzt von allen Seiten bequem und halbwegs schnell zu erreichen. Eine Fahrt nach München dauerte mit der Eisenbahn etwa dreieinhalb Stunden.

PROTESTANTEN IN INGOLSTADT

Über viele Jahrhunderte hinweg waren die Ingolstädter katholisch. Sie feierten katholische Feste und gingen in katholisch geweihte Kirchen.
Manchmal dienten evangelische Soldaten in der Festungsstadt, die von den Bürgern misstrauisch beäugt wurden. Der Moritzpfarrer sorgte hier für die Verständigung untereinander. Denn er war für die Betreuung der Regimenter zuständig. Doch ganz geheuer war das unseren Bürgern nicht. Als 1787 ein evangelischer Oberleutnant in Ingolstadt starb, wurde er ökumenisch beerdigt. Das heißt, dass sowohl Katholiken als auch Protestanten am Gottesdienst und der Beerdigung teilgenommen hatten. Dieser Tag war so besonders und damals einzigartig in der ganzen Umgebung der Stadt, dass sogar eine Gedenktafel aufgestellt wurde, die an dieses Ereignis erinnerte.

Im Laufe der Zeit wurden immer mehr Menschen protestantisch und so gründeten sie 1824 die erste evangelische Kirchengemeinde Ingolstadts. Doch so eine Gemeinde braucht auch eine Kirche und so ließen sich die protestantischen Einwohner eine solche bauen. Sie wurde im November 1846 geweiht und sollte ursprünglich Ludwigskirche heißen. Doch der erste Pfarrer Dr. Leonhard Volkert hatte Auseinandersetzungen mit König Ludwig I. Und so erhielt die Kirche erst nach 1955 ihren heutigen Namen: Matthäuskirche.

GESCHICHTE

FORTSCHRITT MACHT DAS LEBEN LEICHTER

Im Laufe der Jahre wurden in Ingolstadt viele öffentliche Einrichtungen ins Leben gerufen, die als äußerst modern galten und die man in den Dörfern im Umland nicht besaß.

Im April 1827 genehmigte die Königliche Regierung die Einrichtung einer Sparkasse und schon im Juni eröffnete die „Spar-Kassa-Anstalt" in Ingolstadt, als eine der ersten Sparkassen in ganz Bayern. Sechs Jahre später wurden die ersten Zweigstellen in Reichertshofen und Kösching eröffnet. Heute gibt es diese Zweigstellen der Sparkasse Ingolstadt an 38 verschiedenen Stellen.

Von 1834 bis 1883 fuhren Dampfschiffe zwischen Regensburg und Donauwörth und beförderten Reisende und Waren.

1863 wurden die ersten Straßenlaternen mit Gas beleuchtet.

Seit 1892 gab es Wasserleitungen, so dass die Bewohner der Altstadt ihr kostbares Nass nur noch selten aus Brunnen holen mussten. Ein Kanal beförderte ab 1870 die Abwässer der Stadt in die Schutter, die 1887 abgedeckt wurde.

Seit 1914 gab es Strom in Ingolstadt und die Menschen konnten nun abends zu Hause einfach ihr Licht anknipsen. Der elektrische Strom hat in allen Bereichen unseres täglichen Lebens in der Arbeitswelt, im Haushalt und in der Freizeit die Welt verändert und einen wesentlichen Beitrag zu unserem Lebensstandard geleistet.
Als örtlicher Versorger kümmern sich die Stadtwerke Ingolstadt darum, die Menschen mit Energie zu beliefern, um den Alltag leichter zu gestalten.

Ab 1898 durfte man Tiere nur noch im Zentralschlachthof schlachten, der Kühlkammern besaß. Sie galten als wunderbare Neuerung, denn so konnte das Fleisch nicht so schnell verderben. Die Menschen konnten sich also nicht mehr so leicht eine Lebensmittelvergiftung zuziehen.

1874 eröffnete das Stadttheater, das zum kulturellen Mittelpunkt der Stadt wurde, am heutigen Rathausplatz.

Im Jahr 1882 baute man das Alte Rathaus so um, wie du es heute kennst. Ursprünglich bestand es aus drei Häusern, die nun vom Architekten Gabriel Seidl (1848–1913) miteinander verbunden wurden.

Von 1878 bis 1921 fuhr die Pferdetram vom Kreuztor zum Bahnhof, der weit außerhalb der Stadt lag. Es handelte sich um eine Art Bus, der auf Schienen fuhr und von Pferden gezogen wurde. Die Straße stieg an der Donaubrücke so steil an, dass die Kutscher dort ein weiteres Pferd einspannen mussten. Als in Ingolstadt immer mehr Autos fuhren, brauchte man die Pferdetram schließlich nicht mehr und sie wurde abgeschafft.

DAS ALTE RATHAUS

Im Rathaus werden besondere Gäste empfangen.
Dort gibt es ein goldenes Buch, in das sie sich eintragen können.

Im Rathaus sind die Büros des ersten, zweiten und dritten Bürgermeisters.

Es gibt dort einen Saal, in dem man standesamtlich heiraten kann.

Im Erdgeschoss ist die Touristen-Information.

1884 baute Gabriel von Seidl vier Gebäude zu unserem jetzigen Alten Rathaus um.

Hauptschule an der Stollstraße

Klasse 6g

GESCHICHTE

Immer mehr Verkehrsteilnehmer waren auf Ingolstadts Straßen unterwegs: Fußgänger, Pferde, Kutschen, Pferdetram und Automobile. Deshalb beschloss der Stadtrat, die Straßen, wo es ging zu verbreitern. Leider fielen diesem Umbau auch einige Stadttore zum Opfer: Der neuere Teil des Feldkirchner Tors wurde 1875 abgerissen, der mittelalterliche Teil des Donautors 1876. Das Hardertor bestand bis 1878, das Tränktor bis 1892. Das Kreuztor erhielt 1883 eine weitere Durchfahrt.

1902 wurde übrigens der erste Ingolstädter Operationssaal eingeweiht. Zuvor hatten die Ärzte ihre Patienten vor den Augen aller Kranken und Besucher operiert.

Andere Städte hatten die Wirtschaft durch den Bau von Fabriken und großen Handelsgeschäften schon früh angekurbelt. In Ingolstadt ging es mit der Wirtschaft erst so richtig um 1880 aufwärts. Eine Festungsstadt braucht immer viele Waffen und Munition. Und so siedelten sich vor allem Rüstungsbetriebe an, die solche Dinge herstellten.

1883 zog das Münchner Hauptlaboratorium nach Ingolstadt. Es produzierte vor allem Munition. 1885 öffnete die „Königlich Bayerische Geschützgießerei und Geschoßfabrik" ihre Pforten. Hier baute man Geschosse und Geschützrohre. In beiden Fabriken stieg die Zahl der Arbeitsplätze von Jahr zu Jahr und immer mehr Menschen zogen nach Ingolstadt, um dort arbeiten zu können. Vor dem Ersten Weltkrieg, der 1914 ausbrach, arbeiteten in diesen beiden Firmen etwa 1.500 Menschen. Unter ihnen waren übrigens auch sehr viele Frauen. Das war damals gar nicht so selbstverständlich. Denn meistens arbeiteten Frauen nur als Dienstmädchen oder Mägde. Oder sie halfen ihrem Mann auf dem Bauernhof.

Manche der Fabrikarbeiterinnen mussten jeden Tag mehrere Stunden zu Fuß von ihrem Zuhause aus in die Fabrik laufen und abends auch wieder heim. Und danach hatten sie auch leider keinen Feierabend. Abends kümmerten sie sich auch noch um den Haushalt, ihre Kinder und meist auch noch um ihren kleinen Bauernhof.

Viele Menschen wurden von ihrer Arbeit in der Geschützgießerei schwer krank. Die Schwefeldämpfe sorgten dafür, dass viele dieser Leute Hautausschläge hatten. Auch mit Kehlkopfkrankheiten und Bronchialkatarrh hatten sie zu kämpfen. Krank machen konnten sie nicht, denn sie brauchten das Geld. Das Leben der einfachen Leute war hart und anstrengend.

DER ERSTE WELTKRIEG (1914–1918)

Während des Ersten Weltkrieges benötigten die Soldaten viel Munition und Gewehre. Die Ingolstädter Rüstungsbetriebe kamen mit der Herstellung gar nicht richtig nach. Dies sprach sich im ganzen Land herum. Deshalb kamen viele Arbeiter und Arbeiterinnen von weit her. Sie hofften, in Ingolstadt Arbeit zu bekommen. Nun arbeiteten in den beiden Rüstungsfabriken teilweise 17.000 Menschen. Die Bevölkerung in Ingolstadt stieg so von 18.500 auf 26.500 Einwohner. Doch wo sollten die Ingolstädter all diese Menschen unterbringen? In Massenquartieren wie z. B. Scheunen schliefen teils 60 Personen in einem Raum.

CHARLES DE GAULLE

Einer der berühmtesten Kriegsgefangenen war Charles de Gaulle (1890–1970). Er war Soldat in der französischen Armee und sollte später Staatspräsident von Frankreich werden.

Charles de Gaulle war im Herbst 1916 in Ingolstadt als Gefangener angekommen und kam zunächst ins Ingolstädter Krankenhaus, aus dem er gleich zu fliehen versuchte. Nach etwa einer Woche schnappte man ihn allerdings wieder und er wurde bis Juli 1917 eingesperrt. Danach wurde er in ein anderes Gefangenenlager nach Rosenberg verlegt. Da er von dort auch zweimal ausbüchste, brachte man ihn im Dezember 1917 zurück nach Ingolstadt und hier blieb er auch bis Mai 1918.

Für Soldaten, die auf ihren Einsatz warteten, wurden Baracken errichtet. Und schließlich wurde Ingolstadt auch noch zum größten Kriegsgefangenenlager in ganz Deutschland. An zwölf verschiedenen Orten in und um die Stadt herum wurden bis zu 10.000 gefangen genommene Soldaten eingesperrt. Wie sollte man nur all diese Menschen mit Essen versorgen?

Leer stehende Fabrikhallen wurden zu Lazaretten umgebaut. Hier wurden etwa 23.000 Verletzte versorgt. Wie jeder Krieg so war auch der Erste Weltkrieg für alle Menschen eine schlimme Zeit. Viele Männer starben als Soldaten an der Front oder waren so verletzt, dass sie für ihre Familien kein Geld mehr verdienen konnten. Zudem waren in Ingolstadt viel zu viele Menschen. Sie wussten nicht, wo sie  schlafen und wo sie Essen herbekommen sollten. Wer einen Arbeitsplatz in einem der Rüstungsbetriebe ergattern konnte, hatte einen schweren und gefährlichen Arbeitstag vor sich. Doch das schlimme Ende kam erst noch: Als der Krieg vorbei war, mussten alle militärischen Betriebe geschlossen werden. Die Arbeiter der Rüstungsfabriken hatten nun keine Arbeit mehr. Vor allem die Kinder hatten unter dieser Not besonders zu leiden. Damit sie nicht mit hungrigen Mägen herumlaufen mussten, fand in den Schulen die so genannte Kinderspeisung statt: Die Kinder erhielten eine Semmel und Kakao.

ES GEHT WIEDER BERGAUF

Nach dem Ersten Weltkrieg mussten alle Rüstungsbetriebe auf Friedensproduktion umgestellt werden oder schließen. In der ehemaligen Geschützgießerei in Ingolstadt wurden nun Spinnereimaschinen hergestellt. Sie trug ab 1925 den Namen „Deutsche Spinnereimaschinenbau AG Ingolstadt" (Despag) und wurde weit über die Region hinaus bekannt. Knapp 2.500 Menschen verdienten dort ihren Lebensunterhalt.

Die ehemaligen Mitarbeiter des Hauptlaboratoriums arbeiteten nun im Eisenbahnausbesserungswerk, das sich auf die Reparatur von Loks und Eisenbahnwagons spezialisiert hatte.

Aber auch der Lebensmittelhandel sollte neu gestaltet werden. 1919 trafen sich zahlreiche Kaufleute im Poppenbräu, um den „Einkaufsverein der Kolonialwarenhändler Ingolstadt und Umgebung e.G.m.b.H."

zu gründen. Sicherlich sagt dir dieser Verein noch heute etwas: Aus ihm wurde EDEKA, eine bekannte Supermarktkette. Fürs Erste waren die Arbeitsplätze in Ingolstadt nun gesichert und Ingolstadt erholte sich wieder langsam von den Folgen des Ersten Weltkrieges.

DIE WELTWIRTSCHAFTSKRISE

Doch lange dauerte diese Erholungsphase nicht an. Schon 1929 brach über Ingolstadt die Weltwirtschaftskrise herein. Die Stadt Ingolstadt hatte nicht viel Geld. Viele wurden arbeitslos und waren unzufrieden mit der wirtschaftlichen Entwicklung. Dies war ein idealer Nährboden für das Gedankengut des Dritten Reiches. Die Nationalsozialisten versprachen den Menschen neue Arbeitsplätze und eine Verbesserung ihrer Lebenssituation. Sie gewannen immer mehr an Macht, da die Bevölkerung all ihre Hoffnungen in sie setzte.

WELTWIRTSCHAFTSKRISE
Am 25. Oktober 1929, dem so genannten „Schwarzen Freitag", erfuhr man in Europa, dass es einen Tag zuvor in New York einen großen Börsenkrach gegeben hatte. Weltweit sanken die Werte der Aktien in den Keller. Das Geld, das viele Menschen in Wertpapieren angelegt hatten, war plötzlich nichts mehr wert.
So eine Wirtschaftskrise kann entstehen, wenn in einem Land viele Leute arbeitslos sind und kein Geld mehr haben, um etwas zu kaufen. Wenn jedoch keiner mehr etwas kauft, kann auch nichts mehr hergestellt werden und Mitarbeiter müssen entlassen werden. Es kommt zu einer Krise.
Von der Weltwirtschaftskrise 1929 waren besonders die USA und Deutschland betroffen. Viele Menschen verloren ihren Arbeitsplatz und ihr Vermögen.

GESCHICHTE

DER NATIONALSOZIALISMUS IN INGOLSTADT

1933 wurde Adolf Hitler (1889–1945) zum Reichskanzler ernannt und seine Nationalsozialistische Deutsche Arbeiterpartei (NSDAP) übernahm die Macht. Hitler verbot alle anderen Parteien. Wer eine neue Partei gründen wollte oder sich offen zu einer anderen Partei bekannte, dem drohte Gefängnis.

Die Schutzstaffel (SS) und die Sturmabteilung (SA), eine Art Schlägertrupp der NSDAP, demonstrierten der Bevölkerung sofort, wer nun das Sagen hatte. Alleine in den ersten Tagen wurden mehr als 50 Personen in Ingolstadt verhaftet und zum Großteil in das Konzentrationslager Dachau gebracht. Unter ihnen waren auch führende Politiker aus Ingolstadt, die nicht die Meinungen und Ziele der Nationalsozialisten vertraten.

Die Verlagsgebäude der zahlreichen Zeitungen wurden verwüstet oder einfach von den Nationalsozialisten besetzt. Nun gab es nur noch die Tageszeitung „Donaubote", die nur Positives über den Nationalsozialismus berichtete. Von den Schattenseiten dieser Zeit erfuhr die Bevölkerung in der Zeitung nichts mehr. Doch nicht nur durch die Zeitung wurde die Meinung der Bürger beeinflusst.

Workshop zur Stadtgeschichte des Theaters Ingolstadt und der Kunst und Kultur Garage

Verhaftung   **Propaganda durch die Zeitung**

Ein noch wirksameres Mittel war der so genannte Volksempfänger. Zur damaligen Zeit besaßen nur wenige Menschen ein Radio. Die Rundfunkfirmen wurden von der Partei verpflichtet, überall im Land das gleiche Gerät zu bauen. Durch diese Serienfertigung konnte man ein kostengünstiges Radiogerät herstellen, das sich jeder Haushalt leisten konnte. So wurde Hitlers Propaganda in fast jedes deutsche Wohnzimmer gebracht. Das Wort Propaganda kommt vom lateinischen Wort „propagare" und bedeutet „ausbreiten". Im Rahmen der Propaganda wird eine bestimmte Meinung über Massenmedien wie Radio oder Zeitungen verbreitet, um die Menschen von einer Idee zu überzeugen und sie zu beeinflussen.

Natürlich wurden unter Adolf Hitler auch Kinder und Jugendliche beeinflusst. Die Nationalsozialisten wollten sie in ihrem Sinne erziehen. Zu diesem Zweck wurden alle Jugendorganisationen und Vereine verboten oder in die Hitlerjugend (HJ) integriert. Ab 1939 mussten alle Jugendlichen zwischen zehn und 18 Jahren Mitglied in der HJ sein. Denn im Alter von zehn Jahren war nach Meinung der NS-Führung die Kindheit vorbei. Die Jugendlichen sollten nun lernen, bereitwillig ihre Pflichten zu erfüllen, sei es zu Hause oder im Krieg.

Alle Jugendlichen mussten an den Veranstaltungen der Hitlerjugend teilnehmen. Hierzu zählten Sportnachmittage, Ferienlager, Ausflüge und Aufmärsche. Die Jungen wurden außerdem auf ihre Zeit als Soldat vorbereitet. Berühmte Kampfflieger und U-Boot-Führer sollten ihre Idole sein.

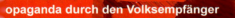

opaganda durch den Volksempfänger | Hitlerjugend

GESCHICHTE

DIE JUDEN IN INGOLSTADT

Die NSDAP wollte nicht nur ihre politischen Gegner ausschalten, sondern auch Juden aus der Gesellschaft ausgrenzen. Schon bald nach der Machtübernahme Hitlers 1933 wurden immer mehr Juden diskriminiert und verfolgt. Stück für Stück verloren sie ihre Rechte und Freiheiten. So durften Juden bald ihre Berufe nicht mehr ausüben und keine öffentlichen Lokale und Kinos mehr betreten. Die Nationalsozialisten nahmen ihnen ihre Geschäfte und Wohnungen weg. Jüdischen Kindern wurde verboten, in die Schule zu gehen.

In Ingolstadt gab es 1933 nur wenige jüdische Bürger. Von 28.602 Einwohnern waren es nur 84 Juden. Doch auch hier machte man ihnen das Leben sehr schwer. Auch Deutsche, die weiterhin Kontakt zu Juden hatten, wurden öffentlich in der Wochenendausgabe des „Donauboten" angeprangert. Schon bald wurde überall mit dem Finger auf sie gezeigt.

Früher hatten deutsche und jüdische Kinder noch ganz unbeschwert miteinander gespielt. Man ging zum Laden nebenan einkaufen oder besuchte die Nachbarn, egal ob Jude oder Deutscher. Das unbeschwerte Miteinander hatte bald ein Ende.

Ausgrenzung

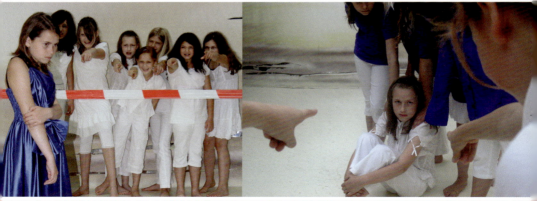

1938 lebten nur noch 48 jüdische Bürger in Ingolstadt. Doch auch sie mussten am 10. November 1938, am Tag nach der Reichspogromnacht, die Stadt binnen einer Stunde verlassen.

Das Wort „Pogrom" kommt aus dem Russischen und heißt so viel wie Verwüstung oder Zerstörung. Schon im Mittelalter wurden Juden immer wieder verfolgt und vertrieben, auch in Ingolstadt. Diese gewalttätige Verfolgung von Minderheiten nennt man „Pogrom". In der Reichspogromnacht vom 9. auf den 10. November 1938 begannen im nationalsozialistischen Deutschland die gezielten Gewaltaktionen gegen die jüdische Bevölkerung. Jüdische Geschäfte wurden geplündert und zerstört, Synagogen wurden niedergebrannt. In dieser Nacht gab es viele Tote und viele Tausende wurden verhaftet oder verschleppt.

Heute erinnert ein Mahnmal der Künstlerin Dagmar Pachtner an das Schicksal dieser Bürger.
Im Luitpoldpark, in der Innenstadt und im Stadtmuseum stehen blaue Stehlen, die die traurige Geschichte einzelner jüdischer Bürger erzählen.

rtreibung

GESCHICHTE

DAS ENDE DES KRIEGES

Etwa sechs Jahre nachdem die Deutschen den Zweiten Weltkrieg begonnen hatten, bombardierten die Flugzeuge der Alliierten viele deutsche Städte und legten sie so in Schutt und Asche.
Das Wort „Alliierte" kommt aus dem Lateinischen und heißt „Verbündete". Am Ende des Zweiten Weltkrieges schlossen sich die vier zukünftigen Siegermächte USA, Sowjetunion, Großbritannien und Frankreich zu einem Rat zusammen, um zu entscheiden, was mit Deutschland geschehen solle.

Lange blieb Ingolstadt von den Bombenangriffen verschont. Erst 1945 in den letzten Wochen des Kriegs fügte eine Reihe von Luftangriffen der Stadt schweren Schaden zu. Viele Menschen starben hierbei. Als die amerikanischen Streitkräfte nach Beendigung des Krieges einrückten, war etwa ein Drittel der Ingolstädter Wohnungen zerstört. Auch das Heilig-Geist-Spital, das Stadttheater, das städtische Verwaltungsgebäude, die Viehmarkthalle, der Hauptbahnhof, zwei Schulen und die Donaubrücke waren zerstört. Drei Kirchen lagen in Trümmern.

Zerstörung   **Raumnot**

Eine dieser zerstörten Kirchen war die Augustinerkirche, die am heutigen Viktualienmarkt gestanden hatte. Sie galt als eine der schönsten Rokokokirchen Bayerns.

Die Wasser- und Energieversorgung war weitgehend zerstört worden und die Verbindung zu den Stadtteilen südlich der Donau unterbrochen. Die Besitzer der Häuser, die noch nicht zerstört waren, mussten Wohnräume für Heimatvertriebene und verschleppte Menschen zur Verfügung stellen. So war die Bevölkerung bald auf engstem Raum zusammengepfercht.

In den Jahren nach dem Krieg beseitigten die Menschen in mühsamer Arbeit Trümmer und Schutt. Alle öffentlichen Einrichtungen, die man zum Leben brauchte, wurden wieder in Stand gesetzt. Erst nach und nach gab es in Ingolstadt wieder Strom, Wasser und Gas. Eine provisorische Holzbrücke verband nun auch wieder die Innenstadt mit den südlichen Stadtteilen. Um diese Brücke überqueren zu dürfen, mussten die Ingolstädter einen Brückenzoll bezahlen: jeder Fußgänger und Radfahrer 10 Pfennige, Autos und Pferdefuhrwerke 50 Pfennige. Auch den Hauptbahnhof baute man wieder auf, um Anschluss an die Außenwelt zu bekommen.

Obwohl oder gerade weil die Not groß war, engagierten sich viele Ingolstädter wieder kulturell. Bereits 1946 traten die Schauspieler des zerstörten Stadttheaters wieder auf: in einem Gasthaussaal, der ihnen vorübergehend als Notunterkunft diente. Und schließlich nahmen 1948 auch wieder alle Schulen ihren Betrieb auf.

Trümmer und Schutt — Theater 1946

GESCHICHTE

LANGSAM GEHT ES WIEDER BERGAUF

DIE POLITISCHE ENTWICKLUNG

Die amerikanische Militärregierung war nach dem Zweiten Weltkrieg für alle Entscheidungen in Bayern verantwortlich. Sie setzte z. B. auch die nächsten Bürgermeister in Ingolstadt ein. Gleichzeitig leitete sie durch ein Gesetz die so genannte „Entnazifizierung" ein. Hierbei wurde überprüft, wer in Ingolstadt auf der Seite der Nationalsozialisten stand und wer nicht. Wenn eine einflussreiche Person die NSDAP und Hitler offensichtlich unterstützt hatte, musste sie ihre Ämter abgeben und verlor unter Umständen somit ihre Arbeit. Natürlich war es nicht immer leicht festzustellen, wer eine so genannte „weiße Weste" hatte.

Mit der ersten Kommunalwahl nach dem Krieg konnte nun 1946 auch ein politischer Neuanfang in Ingolstadt gestartet werden. Die Diktatur Adolf Hitlers war abgeschafft worden. In Zukunft sollten die Menschen in Deutschland in einer Demokratie leben. Das Wort „Demokratie" stammt aus dem Griechischen und heißt soviel wie „Herrschaft des Volkes". Das Volk wählt seine Vertreter, die im Namen der Bürgerinnen und Bürger das Land regieren. Diese Personen gehören unterschiedlichen Parteien an, die verschiedene Interessen vertreten. Macht eine Regierung ihre Arbeit schlecht, kann das Volk bei der nächsten Wahl entscheiden, ob es eine ande-

Entnazifizierung   **Demokratie**

re Partei wählen möchte. In einer Demokratie hat jeder Bürger die gleichen Rechte und Pflichten und darf seine freie Meinung äußern. Um die Gleichbehandlung der Menschen zu gewähren und um Unrecht zu bekämpfen, gibt es unser Grundgesetz und zahlreiche andere Gesetze.

DIE WIRTSCHAFTLICHE ENTWICKLUNG

Bis es der Stadt und ihren Bürgern wieder besser ging, dauerte es natürlich noch länger. Die unmittelbare Zeit nach dem Krieg war noch von Hunger und Elend bestimmt. Es gab kaum etwas zu essen, so dass Lebensmittelmarken an die Bevölkerung ausgeteilt wurden. Wer eine solche beim Bäcker abgab, erhielt somit pro Tag 375 g Brot. Kein Wunder also, dass Einbrüche in Lebensmittelgeschäfte an der Tagesordnung waren und vieles auf dem Schwarzmarkt verkauft wurde.

Nach Ende des Krieges wurden keine Waffen und somit auch keine Munition mehr gebraucht. Die Ingolstädter Rüstungsindustrie hatte keine Zukunft mehr, so dass viele tausend Menschen ihren Arbeitsplatz verloren. Da zahlreiche Kasernen und Rüstungsbetriebe leer standen, konnten diese Gebäude von Unternehmen genutzt werden, deren Betriebe im Krieg zerstört worden waren. Arbeiter gab es genügend, die sofort mit anpackten, um ihre Familien wieder ernähren zu können. Ingolstadt war und ist ein wichtiger Verkehrsknotenpunkt in der Mitte Bayerns. Durch seine zentrale Lage siedelten sich nun viele Unternehmen an, die den Menschen wieder Arbeit boten.

Hunger und Elend

GESCHICHTE

AUDI

Heute kennt jedes Kind die Automarke, die in Ingolstadt hergestellt wird: Audi natürlich. Doch Audi kommt ursprünglich gar nicht aus Ingolstadt.
Alles begann in Köln. 1899, also vor über 100 Jahren, gründete August Horch (1868–1951) dort eine Firma für Automobile, die August Horch & Cie. Diese zog 1904 nach Zwickau um und wurde zur Aktiengesellschaft umgewandelt. 1909 kam es zu Streitigkeiten und August Horch verließ die Firma. Mithilfe seines Freundes Franz Fikentscher gründete er ein neues Unternehmen, das ebenfalls Horch hieß. Doch das ließ sich sein alter Betrieb nicht gefallen: August Horch musste vor Gericht und verlor dort das Recht an seinem Firmennamen. Er musste sich etwas einfallen lassen! Der zehnjährige Heinrich Fikentscher half ihm auf die Sprünge: Horch heiße doch auf Lateinisch AUDI! Das fand August Horch spitze und somit war der neue Firmenname geboren.

Jetzt fehlten nur noch die vier Ringe. Sie entstanden 1932, als sich die vier Firmen Audi, DKW, Horch und Wanderer zur Auto Union vereinigten. Nach dem Krieg gingen alle Werke der Auto Union in Sachsen verloren. Das Unternehmen musste neu anfangen. In Ingolstadt wurde 1945 erst einmal ein Ersatzteillager der Firma errichtet, später wurden Fahrzeugteile produziert. Das erste Fahrzeug, das in Ingolstadt vom Stapel rollte, war dann 1949 der DKW Schnelllaster.

Viele Jahre vergingen und 1965 wurde die Auto Union zur Tochterfirma von Volkswagen (VW). 1969 taten sich die Auto Union GmbH und die Neckarsulmer NSU Motorenwerke AG zusammen. So entstand die Audi NSU Auto Union AG. Doch wer kann diesen langen Wörtersalat aussprechen? Seit 1985 sagen wir einfach nur noch Audi. Mittlerweile arbeiten über 32.500 Menschen bei Audi in Ingolstadt. Das entspricht etwa einem Viertel der Ingolstädter Einwohnerzahl.

„Büffel-Projekt"
Ickstatt Realschüler resaurierten 2008 einen DKW-Schnelllaster unter der Leitung von Ulli Seidler.

GESCHICHTE

SCHUBERT & SALZER / DESPAG

Die Geschichte von Schubert & Salzer begann bereits 1883 in Chemnitz. Dort bauten Carl Schubert und Bruno Salzer ihre erste Strumpfwirkmaschine, mit der Strümpfe hergestellt werden konnten.
Etwa zur gleichen Zeit nahmen in Ingolstadt die Königlich Bayerische Geschützgießerei und das Hauptlaboratorium ihre Arbeit auf. Die Arbeiter produzierten hier zunächst Geschosse, Geschützrohre und Munition.

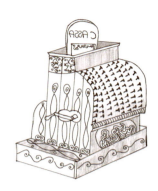

Nach dem Ende des Zweiten Weltkriegs vereinigten sich all diese Unternehmen nun und nannten sich Deutsche Spinnereimaschinenbau AG (Despag). Sie war nach dem Zweiten Weltkrieg eines der bedeutendsten Unternehmen in Ingolstadt. Ihre Gebäude waren im Krieg kaum beschädigt worden und so konnten viele Ingolstädter dort bald wieder ihre Arbeit aufnehmen. Nach dem Krieg brauchte man vor allem Ersatzteile im Maschinen- und Werkzeugbau, in der Landwirtschaft und im Handwerk. Doch auch Spinnereimaschinen zur Herstellung von Garnen und Armaturen für die Wasserversorgung zu Hause waren gefragte Waren.
Zwischen 1990 und 1992 wurde die Firma in zwei Bereiche aufgeteilt: In der Rieter Ingolstadt Spinnereimaschinenbau AG stellte man weiterhin Spinnereimaschinen her und Schubert & Salzer war fortan für den Guss- und Armaturenbereich zuständig. Heute ist die Schubert & Salzer Firmengruppe ein familiengeführtes Unternehmen, das aus mehreren Teilen besteht. In Lobenstein in Thüringen stellt die Firma Feingussteile für die Automobilindustrie und für medizinische Produkte her. Dort findest du also vieles, das in Autos eingebaut wird oder das der Arzt verwendet, wenn er Menschen untersucht oder operiert.
Am Hauptsitz in Ingolstadt werden so genannte High-Tech-Produkte der Mess- und Regeltechnik produziert. Wird zum Beispiel später in einer Fabrik Limo in Flaschen abgefüllt, so kontrollieren diese Messgeräte, dass auch die richtige Menge in die Flaschen kommt. Das funktioniert auch mit Milch, Bier, heißem Dampf oder Säuren.

Ein weiterer Firmenzweig stellt in Ingolstadt eine Software für PCs her, die beim Bau von Maschinen und Werkzeugen oder auch bei der Fertigung von Kunststoff und in Gießereien sehr hilfreich ist.

MEDIA MARKT

Vor vielen Jahren gab es in Ingolstadt ein kleines Geschäft, in dem man Elektrogeräte kaufen konnte. Dieser Laden gehörte Familie Kellerhals.
Damals war es noch üblich, dass jeder Händler ein Spezialgebiet hatte: Entweder er verkaufte Fernseher oder Bügeleisen oder Waschmaschinen oder, oder, oder...
Zusammen mit ihrem Verkäufer Leopold Stiefel und dem Maner Walter Gunz hatte Familie Kellerhals einen großen Traum: ein riesiges Geschäft mit einer unglaublich großen Auswahl an Produkten zu günstigen Preisen, in dem die Menschen gerne einkauften und sich gut beraten fühlten. So etwas gab es schon in den USA. Bei uns hatte davon noch kaum jemand gehört. Und bald war es soweit: Am 24.11.1979 konnte der erste Media Markt in München eröffnen. Nach 30 Jahren erfolgreicher Firmengeschichte gibt es heute in Deutschland über 230, europaweit sogar über 550 Märkte. Der größte Media Markt wurde 2008 in München eröffnet. Die Zentrale des großen Unternehmens liegt nach wie vor in Ingolstadt.

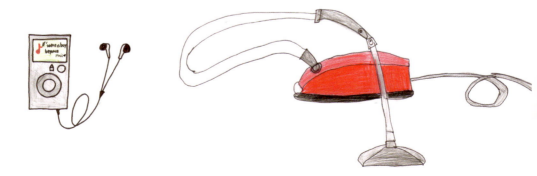

GESCHICHTE

DIE STADT WÄCHST

Ab 1945 wuchs die Bevölkerung Ingolstadts immer weiter an. Unmittelbar nach dem Zweiten Weltkrieg lebten hier 35.000 Menschen. Die Vororte wurden immer größer, da sich immer mehr Familien und Unternehmen ansiedelten.

Aber auch in der Innenstadt selbst tat sich viel: Zahlreiche öffentliche Gebäude und Geschäftshäuser wurden neu errichtet und alte Häuser restauriert. Die provisorische Holzbrücke wurde durch eine neue Donaubrücke ersetzt und das Ingolstädter Krankenhaus erweitert.

In Ingolstadt und Umgebung siedelten sich fünf Erdölraffinerien an und förderten damit die bayerische Wirtschaft. 1972 kamen elf Gemeinden aus dem Umland zur Stadt hinzu.

Die Grundfläche Ingolstadts erweiterte sich somit auf einen Schlag um 8.428 ha, die Einwohnerzahl stieg auf 89.000. Da die Bevölkerung von Ingolstadt immer weiter wuchs, musste dringend ein neues Krankenhaus her. Das alte Krankenhaus in der Sebastianstraße war zu klein geworden. So beschloss der Stadtrat 1969, dass ein großes Klinikum gebaut werden solle. Doch bis die ersten Patienten dort einziehen konnten, verging noch eine lange Zeit. Erst 1982 öffnete das Klinikum seine

Pforten. Immer wieder wurde es umgebaut, um den Patienten eine gute Versorgung garantieren zu können und noch mehr Menschen Platz zu bieten.

Das Klinikum Ingolstadt besitzt 55 Stationen, die auf 20 Fachbereiche aufgeteilt sind. Dort kümmern sich etwa 330 Ärzte und 1.150 Krankenpfleger um Verletzte und Kranke. Mittlerweile arbeiten über 3.000 Personen im Klinikum Ingolstadt. Dort gibt es über 1.100 Betten und somit ist das Ingolstädter Klinikum das viertgrößte in ganz Bayern. Ganz schön viele Zahlen dafür, dass man dort ja nur gesund werden soll. Jedes Jahr kommen dort etwa 1.600 Babys zur Welt und etwa 16.000 Menschen können jährlich dort operiert werden. Sehr bekannt ist der Rettungshubschrauber Christoph 32, den du vielleicht schon über Ingolstadt hast fliegen sehen. Seit 2001 kommen übrigens die Klinikclowns einmal die Woche zu den kleinen Patienten auf der Kinderstation und versuchen, sie wieder zum Lachen zu bringen.

In den Herzogskasten zog nun die Marieluise-Fleißer-Bibliothek und die Kurfürstliche Reitschule wurde zur Volkshochschule umfunktioniert. Das Kavalier Hepp beherbergt jetzt das Stadtmuseum, das Stadtarchiv und die Wissenschaftliche Stadtbibliothek. Das Finanzamt und die Polizei zogen in die Friedenskaserne, das Arbeitsamt in das Kavalier Heydeck und die Jugendherberge in das Kavalier Zweibrücken. Die Fronte 79 wurde zum Haus der Jugend und der Neuburger Kasten zum Seniorentreff. Zur Landesgartenschau 1992 waren schließlich alle klassizistischen Festungsbauten, Kavaliere, Kasematten, Exerzier- und Reithalle, Reduit Tilly und die Türme Triva und Baur restauriert.

Ein großes Bauprojekt in Ingolstadt war die Errichtung des Stadttheaters. Es wurde vom Architekturbüro Hämer entworfen und 1966 feierlich eröffnet.

Ein weiteres großes Bauwerk wurde im Jahr 2008 im Norden der Stadt eingeweiht: die größte Moschee Bayerns.

THEATER

Das **Theater Ingolstadt** ist eines der größten Schauspielhäuser in Bayern. Es wurde von den **Architekten Hardt-Waltherr Hämer und Marie-Brigitte Hämer-Buro** entworfen und im Januar **1966 eröffnet**.
Seit über 40 Jahren ist es für die 120 000 Einwohner unserer Stadt und für die Orte aus der Umgebung eine wichtige Kulturinstitution.
Ungefähr **500 Vorstellungen** finden **jährlich** an den **5 Spielorten des Theaters** (Großes Haus, Werkstattbühne, Kleines Haus, Studio im Herzogskasten, Freilichtbühne im Turm Baur) statt.
Seit 2001 werden von dem dazu gehörigen **Kinder- und Jugendtheater** jedes Jahr mehrere Vorstellungen geboten .

• Diese Seiten wurden gestaltet von der **FOTO-AG der Wirtschaftsschule Ingolstadt** •

INGOLSTADT

Wirtschaftsschule Ingolstadt

In unserem Stadttheater ist viel mehr drin als man von außen, aber auch vom Sitzplatz in einem der Vorstellungssäle vermuten würde. Davon haben wir uns bei einer **Erkundung** überzeugt, bei der uns Herr **Rainer Steinhilper,** Chefdisponent des Theaters und Referent des Intendanten, durch (fast) alle Räume und Gänge geführt hat. Normalerweise haben Besucher dazu keinen Zutritt, sie sind aber für den Betrieb des Hauses und für den reibungslosen Ablauf der Vorstellungen wichtig.

Aus unseren fotografisch festgehaltenen Eindrücken unseres - im wahrsten Sinne des Wortes - „**Blicks hinter die Kulissen"** gibt es an dieser Stelle eine Kostprobe.

Foto: Lisa, Jessica, Sandra, Max M., Max G., Paul, Evelyn, Vanessa, Laura, Simone •

FOTO-AG

Die Moschee

Die Moschee und Kulturzentrum in Ingolstadt ist die größte Moschee in Bayern.

Das Bauwerk wurde im Mai 2008 der Bestimmung übergebe.

Die Moschee ist ein klassischer Bau und mit 2 Minaretter von je 27,5m hoch.

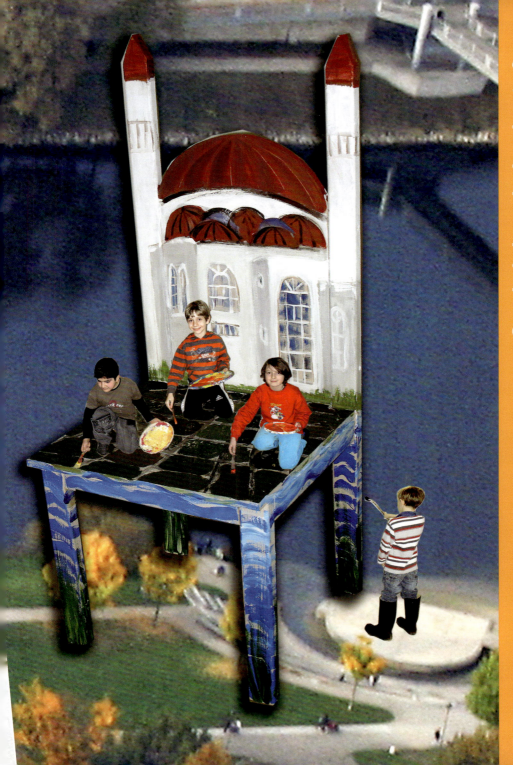

Grundschule an der Lessingstraße

Ateliergruppe Helga Dick

GESCHICHTE

ZEITUNGEN IN INGOLSTADT

Viele Jahrhunderte lang erfuhren die Menschen die neuesten Nachrichten meist erst Wochen oder gar Monate nachdem sie passiert waren. Herolde, Bänkel- und Moritatensänger zogen durchs Land und erzählten auf dem Marktplatz von interessanten Begebenheiten wie Naturkatastrophen, Hexenverfolgungen oder Raubüberfällen. Auf Märkten und bei so genannten fahrenden Händlern konnte man Blätter kaufen, die ebenfalls von solchen Ereignissen berichteten. Häufig waren Bilder darauf zu sehen, da viele Menschen nicht lesen konnten.

Erst im 19. Jahrhundert wurden Zeitungen gedruckt, die häufig auf mehreren Seiten von aktuellen Ereignissen berichteten, in denen aber auch kleine Werbeanzeigen zu sehen waren. Hier in Ingolstadt erschien erstmals 1802 eine richtige Zeitung: das „Ingolstädter Wochenblatt". 1859 folgte das „Ingolstädter Tagblatt" und 1872 die „Neue Ingolstädter Zeitung". Doch warum braucht man mehrere Zeitungen gleichzeitig? Ganz einfach: Jede Zeitung hatte ihre eigene Meinung. Fand die eine Zeitung eine Sache gut, war die andere Zeitung meist dagegen.

Und so verwundert es nicht, wenn 1921 die „Freie Presse" folgte, die ab 1923 „Ingolstädter Anzeiger" hieß.

Die Nationalsozialisten fanden all diese Zeitungen schlecht. Sie wollten, dass nur eines dieser Organe über die Ideen und Gedanken des Nationalsozialismus berichtete. Und so gründeten sie 1927 den „Donauboten". Nachdem unter Adolf Hitler alle anderen Zeitungen verboten worden waren, war der „Donaubote" die einzige Möglichkeit, sich über die aktuellen Geschehnisse zu informieren. Nach Ende des Zweiten Weltkrieges durften keine Zeitungen mehr gedruckt werden, die das Gedankengut der Nationalsozialisten verbreiteten. So wurde auch der „Donaubote" eingestellt.

DONAUKURIER

Die Gebäude des „Donauboten" selbst waren im Krieg nicht zerstört worden, so dass die amerikanischen Soldaten dort ihre Soldatenzeitung „Stars and Stripes" drucken konnten. Und bald wurde auch der deutschen Bevölkerung wieder erlaubt, Zeitungen zu drucken. Am 11. Dezember 1945 kam die erste Ausgabe einer neuen Zeitung in die Geschäfte: der „Donau-Kurier". Er kam zunächst nur zweimal in der Woche heraus und wurde zur bekanntesten Regionalzeitung im Ingolstädter Raum. Mittlerweile liegt er morgens auf vielen Frühstückstischen in der Region. Über 215.000 Menschen in Ingolstadt, aber auch in Pfaffenhofen, Schrobenhausen, Neuburg, Eichstätt, Riedenburg, Beilngries und Hilpoltstein informieren sich jeden Tag über zahlreiche interessante Themen wie Politik, Wirtschaft, Kultur oder auch Sport.
Auch für Kinder gibt es spezielle Nachrichten. Jeden Tag berichtet DER DONI Neuigkeiten aus aller Welt.
Beim Projekt „KLASSE! Kids" für Kinder der 3. und 4. Klassen besuchen die Redakteure die Schulen und beantworten alle Fragen. Außerdem lernen die Kinder, wie so ein großes Medienunternehmen funktioniert, und können sogar eigene Artikel auf der KLASSE! Kids-Seite veröffentlichen.

PARTNERSTÄDTE VON INGOLSTADT

Der Zweite Weltkrieg hatte in den Städten und in den Köpfen und Herzen der Menschen tiefe Spuren hinterlassen.
Viele Jahre brauchte die Bevölkerung um alles wieder aufzubauen und damit zurechtzukommen, was damals eigentlich passiert war. Keiner wollte mehr einen Krieg wie diesen, ganz im Gegenteil! Städte verschiedener Länder begannen einen freundschaftlichen Kontakt miteinander aufzubauen. Durch Austausch und Besuche lernte man sich besser kennen und verstehen. Mittlerweile hat Ingolstadt mit zahlreichen Ländern Partnerschaften geschlossen und es entstanden Freundschaften, die über Generationen gepflegt und erhalten worden sind.

Städtepartnerschaften Ingolstadts

Wie bei allen anderen deutschen Städten beginnt die Geschichte der Ingolstädter Städtepartnerschaften nach dem Zweiten Weltkrieg. 1962 wurde die erste Städtepartnerschaft zwischen Ingolstadt und Kirkcaldy in Schottland geschlossen. An die Partnerschaft erinnert heute unter anderem eine Stele im Klenzepark und sie wird durch zahlreiche Schüleraustausche gepflegt.

Im selben Jahr entstand darüber hinaus die Partnerschaft zwischen Ingolstadt und der Stadt Carrara im Norden der Toskana. Zu Ehren der Partnerstadt wurde der Platz zwischen der Reitschule und dem Herzogskasten in „Carraraplatz" umbenannt und es finden sich zahlreiche Skulpturen aus Carrara-Marmor im gesamten Stadtgebiet.

1963 kam es noch zur Unterzeichnung eines entsprechenden Partnerschaftsvertrages mit Grasse in Südfrankreich, womit die erste Phase von Städtepartnerschaften abgeschlossen wurde. Sichtbar ist die Beziehung in Ingolstadt unter anderem durch das 1992 im Klenzepark errichtete Provence-Haus.

Erst 16 Jahre später entstand die Verbindung zur damals jugoslawischen und heute slowenischen Stadt Murska Sobota.

Danach dauerte es weitere 16 Jahre bis 1995 die Partnerschaft mit dem Zentralbezirk Moskau geschlossen wurde.

1998 folgte die Verbindung mit der türkischen Stadt Manisa, deren Bürgermeister, ein Architekt, sich am Entwurf der Ingolstädter Moschee beteiligte.

Die momentan jüngsten Ingolstädter Städtepartnerschaften wurden zwischen 2003 und 2008 mit den Städten Kragujevac in Serbien, Oppeln in Polen und Győr in Ungarn geschlossen. Mit Abschluss der Verbindung mit dem oberschlesischen Oppeln war ein Städtenetzwerk aus den Städten Carrara, Grasse, Ingolstadt und Oppeln entstanden, in dem jede den anderen zur Partnerstadt hat.

Derzeit wird zusätzlich eine Partnerschaft mit einer Stadt in einem Entwicklungsland in Erwägung gezogen.

Graffiti-Workshop des PIUS-TREFF
(Träger: Sozialdienst katholischer Frauen)

PIUS TREFF

6 Kinder und Jugendliche unter Anleitung von Paul Hörner

GESCHICHTE

STUDIEREN IN INGOLSTADT

FACHHOCHSCHULE

Die Fachhochschule Ingolstadt heißt eigentlich Hochschule für angewandte Wissenschaften FH Ingolstadt und wurde 1994 gegründet. Dort studieren vor allem junge Menschen, die später in den Bereichen Wirtschaft oder Technik arbeiten möchten. Sie sollen sich aber nicht nur viele Vorträge zu interessanten Themen anhören, sondern dürfen auch schon selber viel ausprobieren. Doch auch unbekannte Bereiche werden an der FH erforscht und viele spannende Dinge entdeckt. Das Gebäude der Fachhochschule ist ganz modern gebaut und besteht aus sehr viel Glas. Es wurde 1999 fertig gestellt. Durch die großen Fensterfronten hat man einen wunderbaren Blick ins Grüne. So macht Studieren mehr Spaß und wie du sicher weißt, bekommt man meist auch bessere Noten, wenn man etwas Interessantes machen darf. Im Herbst 2008 studierten mehr als 2.400 junge Erwachsene an der Fachhochschule, die von etwa 65 Professoren und 120 Dozenten unterrichtet werden. Manche der Studenten machen gleichzeitig auch noch eine Art Ausbildung in Unternehmen.

WIRTSCHAFTSWISSENSCHAFTLICHE FAKULTÄT

Die Katholische Universität Eichstätt-Ingolstadt sitzt eigentlich in Eichstätt und besteht aus acht Fakultäten, also Fachgebieten. Dort kann man viele interessante Dinge lernen aus Bereichen wie Mathematik, Religion, Pädagogik, Literatur, Sprache und Geschichte. Eine dieser Fakultäten sitzt jedoch hier bei uns in Ingolstadt: die Wirtschaftswissenschaftliche Fakultät. Ähnlich wie an der Fachhochschule kann man auch hier vieles über Wirtschaft lernen. Die so genannte WFI ist die jüngste der Eichstätter Fakultäten, sie wurde nämlich erst 1989 gegründet. Ungefähr 900 Studenten studieren hier in

Ingolstadt. Da es auch relativ viele Professoren und Dozenten dort gibt, kennen sich die Studenten und ihre Lehrer recht gut. So kann man auch mal zwischen Tür und Angel schnell mal eine Frage stellen, wenn man nicht weiter weiß. Doch es kommen auch viele Gastdozenten aus der ganzen Welt, die von ihren Erfahrungen aus der Wirtschaft berichten. Dies sind nur wenige Gründe, weshalb die WFI immer wieder sehr gute Noten bekommt, wenn Hochschulen bewertet werden. Wenn du einmal ganz schlau dastehen möchtest, kannst du den Erwachsenen erklären, dass unsere Hochschule auch WFI Ingolstadt School of Management genannt wird.

KINDERUNI

Seit Herbst 2004 könnt ihr selbst das Leben als Studenten ausprobieren und die Kinderuni besuchen. Hier erklären euch Professoren und Dozenten der Fachhochschule Ingolstadt und der Katholischen Universität Eichstätt-Ingolstadt viele spannende Zusammenhänge aus allen Bereichen der Wissenschaft. Hast du schon einmal mit Mathe gezaubert? Oder schon einmal davon gehört, dass es Wellen aus der Steckdose gibt? Also du siehst schon: Viele spannende Rätsel werden mit euch zusammen gelöst. Am Ende der Vorlesungen erhältst du ein richtiges Kinderuni-Diplom und darfst jedem stolz erzählen, dass auch du schon ein richtiger Student bist.

GESCHICHTE

BERÜHMTE INGOLSTÄDTER

In Ingolstadt wohnten über die vielen Jahrhunderte hinweg zahlreiche Personen und Familien, die sich für unsere Stadt sehr eingesetzt haben. Um alle hier nennen zu können, bräuchte es ein richtig dickes Buch und es ist sehr schwer, hier nur wenige auswählen zu müssen. Hier deshalb ein kleiner Überblick über einige der bekanntesten Ingolstädter der vergangenen 200 Jahre:

Marieluise Fleißer (1901–1974) war eine berühmte Ingolstädter Schriftstellerin, die ihre Theaterstücke sogar in Berlin aufführen ließ. Ihr Geburtshaus kann man noch heute besichtigen.

Die Gärtnerei der **Familie Trögl** wurde schon vor über 250 Jahren hier gegründet und verkauft noch heute viele Blumen und Pflanzen an die Ingolstädter.

Der Färbermeister **Clemens Knogler** († 1847) experimentierte mit blauer Farbe, erhielt deshalb Auszeichnungen vom bayerischen König und kaufte sich ein kleines Dorf mit acht Häusern: Es erhielt den Namen Knoglersfreude.

Familie Aurbach besaß eine bekannte Hafnerei, die seit etwa 1700 Kacheln und Töpferwaren herstellte und verkaufte. Ihr Geschäft existiert noch heute am Holzmarkt.

Der vermutlich erste Mensch, der in Ingolstadt fotografierte, war der Knopfmacher **Franz Xaver Sölch**. Er hängte seinen Beruf bald an den Nagel und schoss fortan Bilder seiner Zeitgenossen.

Familie Bruckmayer gründete 1758 eine Bürstenfabrik am Kreuztor. Dort stellte sie Bürsten aller Art her: Haarbürsten aus edlen Hölzern wie Mahagoni oder Ebenholz, aber auch Besen, Klobürsten und Pinsel. Ihre Bürsten waren so beliebt und gut, dass Familie Bruckmayer den Titel „Königlich bayerischer Hoflieferant" erhielt.

Josef Illinger († 1914) war Seifensieder und stellte in der Theresienstraße – wen wundert es – Seife her. Berühmt war seine Tilly-Seife, die er selbst erfunden hatte und patentieren ließ. Somit durfte sie niemand nachmachen. Doch auch die Namen seiner Waschpulver erinnern an Ingolstadt: „Donaufeste grün" nahm die Hausfrau für sehr dreckige Wäsche und „Donaufeste rot" für weiße Wäsche.

Die Gebrüder **Karl** (* 1882) und **Hans Peters** (* 1883) erkannten schon um 1900, dass bald viele Wohnungen und Häuser Stromleitungen gut gebrauchen könnten. So gründeten sie eine Firma, die solche einbaute.

Josef Mengele (1868–1944) zeigte 1908 erstmals in Ingolstadt laufende Bilder, die erst 1894 erfunden worden waren. Bereits 1911 eröffnete er das erste Kino hier.

Xaver Mayr (1887–1973) stammte aus einer Ingolstädter Tuchmacherfamilie und gründete hier 1930 das Modehaus Xaver Mayr, in dem du noch heute einkaufen gehen kannst.

Otto Gericke war eigentlich Windenmacher, verkaufte aber in seinem Geschäft seit 1894 auch Holzspielzeug. Ab 1946 konnte man dort auch andere Spielsachen erwerben.

GESCHICHTE

FAHRRAD WILLNER

Um 1880 gab es auf den Straßen Fußgänger und Pferdefuhrwerke. Fahrräder und Autos kannten die Ingolstädter noch nicht. Somit gab es auch noch keine Fahrradgeschäfte, in denen man einfach ein Zweirad kaufen konnte. Der Ingolstädter Waffenmeister Johann Willner hörte eines Tages, dass in England die Menschen auf einem Hochrad fuhren.
Da er ein geschickter Handwerker war, baute er zusammen mit Johann Winkelhofer selbst ein Hochrad nach.

Es war sehr schwierig, die ersten Meter mit diesem riesigen, wackeligen Gefährt zu fahren. Es gab schließlich noch keine Kinderräder, auf denen man das Gleichgewichthalten lernen konnte. Und so mussten auch die Erwachsenen erst viele Male auf die Nase fallen, bevor sie durch die Straßen fahren konnten.
Nachdem Johann Willner die Ingolstädter für diese neue Art der Fortbewegung begeistert hatte, wollten immer mehr Menschen ein Hochrad kaufen und Radfahren lernen. Deshalb eröffnete er ein Fahrradgeschäft und eine Fahrradfahrschule.
Im Laufe der Jahrzehnte entstanden immer neue Fahrräder – vom Hochrad hin zum Niederrad, so wie ihr es heute kennt. Die Nachfahren von Johann Willner waren ebenfalls begeisterte Fahrradfahrer und so kann man im Fahrradgeschäft Willner nun seit 130 Jahren Fahrräder kaufen.
Falls du einmal ein richtiges Hochrad sehen möchtest, komm doch einfach vorbei. Der Ur-Ur-Enkel von Johann Willner hat zwei Hochräder und kann auch damit fahren. Martin Willner zeigt dir gerne, wie das geht. Komm ihn doch einfach in seinem Fahrradgeschäft besuchen.

RADSALAT

Wie viele Fahrräder siehst du?
Zähle im Alphabet bis zur herausgefundenen Zahl,
dann erhältst du den gesuchten Buchstaben.
Trage diesen in den Lösungssatz bei 24, 29, 37 und 43 ein.

GESCHICHTE

KUNST UND KULTUR IN INGOLSTADT

KÜNSTLER IN INGOLSTADT

Seit Menschengedenken war die Kunst ein wichtiger Bestandteil der Gesellschaft. Schon in der Steinzeit wurden Höhlen vor mehr als 35.000 Jahren mit Tiermotiven bemalt. Früher wurde hauptsächlich aus religiösen Gründen Kunst geschaffen und die Verehrung Gottes und der Heiligen auf Bildern und Statuen dargestellt. Natürlich bedienten sich auch die herrschenden Persönlichkeiten der Kunst um ihre Größe und Macht zu demonstrieren.
Um Kirchen und Schlösser prachtvoll zu gestalten, wurden zahlreiche Maler, Bildhauer und Kunsthandwerker an die jeweiligen Höfe gerufen. Erst später nutzte auch das Bürgertum die Künste. Ein Beispiel ist das Privilegienbuch Ingolstadts, für das sich die Bürger, die im Rat vertreten waren, malen ließen. Aber auch Rat- und Bürgerhäuser wurden von Künstlern und Kunsthandwerkern reich verziert.

Bekannte Maler von Ingolstadt waren z.B. Gustav Schröpler (1830–1901) und Johannes Eppelein (1891–1965), die viele Bilder von ihrer Stadt gemalt haben. Natürlich gibt es auch heute noch viele Künstler in Ingolstadt und der Region, die mit ihren Kunstwerken öffentliche Gebäude und Anlagen verschönern. In der Harderbastei, ein

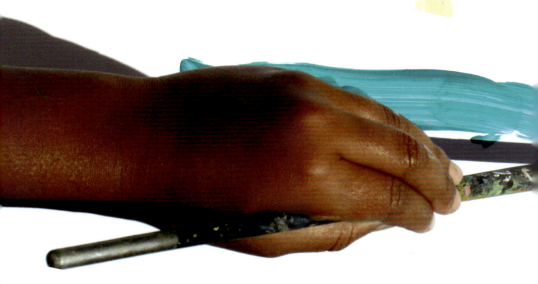

Gebäude aus der Zeit des Festungsbaus, befindet sich die städtische Galerie. Dort könnt ihr das ganze Jahr über Ausstellungen der Stadt Ingolstadt und dem BBK (Berufsverband Bildender Künstler) besuchen.

Manche von euch haben vielleicht schon mit Ingolstädter Künstlern zusammengearbeitet, denn es gibt immer wieder Projekte, in denen Künstler mit verschiedenen Schulen zusammenarbeiten. Wer sich also mehr darüber informieren möchte, was die Künstler von heute alles machen, kann jederzeit eine der Ausstellungen besuchen oder sich z.B. unter www.bbk-in.de informieren.

Neben vielen kleinen Galerien gibt es natürlich auch Museen für Kunst. Bestimmt habt ihr schon vom Museum für Konkrete Kunst oder dem Alf Lechner Museum gehört. Um diese Kunstrichtung besser kennen zu lernen bieten beide Museen viele Mitmachaktionen an, denn Kunst betrachten ist schön, selbst kreativ zu werden ist noch besser!

Wer gerne in seiner Freizeit kreativ sein möchte , kommt in Ingolstadt sicher nicht zu kurz. Neben zwei Kinder und Jugendkunstschulen gibt es zahlreiche Angebote von städtischen Einrichtungen oder Vereinen. Auf professionelle oder spielerische Weise kann jeder von euch den Künstler in sich oder einfach nur den Spaß an der Kreativität, entdecken.

Volkshochschule Ingolstadt

Wo Lernen Spaß macht

Angebote für Kinder und Jugendliche
an der Volkshochschule Ingolstadt

Schwimmen, tanzen, töpfern, eine Sprache lernen, malen, Theater spielen, kochen... Damit Lernen Spaß macht, bietet die vhs hierzu die vielfältigsten Verpackungen für viele Alters- und Entwicklungsstufen an. Die Abenteuer Kinderwelt-Kurse oder die vielen Angebote im vhs-Kreativgarten, vhs-Sprachgarten und vhs-Gesundheitsgarten bieten für jeden etwas!

vhs

Hallstraße 5
85049 Ingolstadt
Tel.: 0841/305 1854
Fax: 0841/305 1855
vhs@ingolstadt.de

Im Internet gibt es den Flyer zum Download unter der Rubrik „Junge vhs" unter:
www.ingolstadt.de/vhs

hnstraße 25
049 Ingolstadt
l.:0841/93555-30
ww.stadtjugend-
gingolstadt.de

Stadtjugendring

Stadtjugendring Ingolstadt

Seit dem Start als Jugendzentrum nennt die Ingolstädter Jugend ihren Treffpunkt schlicht und einfach nur Fronte. Das ist mittlerweile auch der Markenname für das Haus geworden.

Die Fronte79 hat sich in den vergangenen 20 Jahren zu einem festen und nicht mehr weg zu denkenden Bestandteil der Ingolstädter Jugendkultur etabliert und hat das Ziel, für alle Altersgruppen, Nationalitäten und Interessen von Kindern und Jugendlichen offen zu sein.

Ob bei Veranstaltungen, Kursen, Arbeitskreisen, Workshops, Computerkursen, Töpfern, im Internet-Cafe oder beim Streetball im Saal – das Fronte-Team unterstützt alle Kinder und Jugendlichen in der Entwicklung ihrer eigenen Potenziale und fördert damit soziale und kreative Kompetenz.

Neben dem Jugendzentrum ist auch die Geschäftsstelle des Stadtjugendrings (SJR) in den Räumen der Fronte79 untergebracht. Der SJR bietet neben zahlreichen Dienstleistungen für die Jugend(verbands)arbeit wie einen Gerätepark, einen Jugendzeltlagerplatz, ein Selbstversorgerhaus im Bayerischen Wald und Beratung in allen Fragen der Jugendarbeit vor allem für die Ingolstädter Kinder und Jugendlichen zahlreiche Ferienaktivitäten im In- und Ausland, den Ingolstädter Ferienpass und viele weitere Aktivitäten wie das KLENZEFEST oder den jährlich stattfindenden Poster & Ideen-Wettbewerb an Ingolstädter Schulen an.

KINDER UND JUGENDKUNSTSCHULE

KUNST UND KULTUR GARAGE

Kinder- & Jugend-

Kznst & Kultur Garage

Die Kunst und Kultur Garage bietet ganzjährig Kurse und Ferienseminare für Kinder und Jugendliche an. Unsere Themen sind Malerei, Zeichnen, Plastisches Gestalten und Bildhauerei. Neben unserem Kursangebot organisieren wir auch Projekte an Schulen oder Kindergärten und beteiligen uns an Aktionen im öffentlichen Raum.

Ziel der Kunst und Kultur Garage ist es, Kinder und Jugendliche kreativ zu fördern und sie bei der Umsetzung ihrer Ideen zu unterstützen.

Dahlienstraße 10
85053 Ingolstadt

Tel.: 0841/9312922

www.kunstundkulturgarage.de

Kidnetting.de

Kidnetting.de ist das Kinderportal der Stadt Ingolstadt. Hier arbeiten Kinder zwischen neun und zwölf Jahren in Reporter-Teams für die Webseite www.kidnetting.de. Mit Videokamera und Mikro ausgerüstet führen die kidnetting.de-Reporter Interviews. Am Computer basteln sie daraus dann spannende Beiträge. Dabei erlernen sie verschiedene Animations- und Zeichenprogramme, mit denen man die verrücktesten Sachen machen kann.

Auf der Webseite kidnetting.de findest Du neben den Beiträgen, z. B. wie ein Fernsehsender von innen aussieht auch Kinokritiken, Spiele und Veranstaltungstipps für Kinder. Im Seitenstark-Chat kannst Du mit anderen Kindern quatschen und zu bestimmten Themen Experten befragen. Jeder, der an der Webseite mitarbeiten möchte, kann sich für die nächsten Kurse anmelden.

kidnetting.de

Im Bürgerhaus
Kreuzstraße 12
85049 Ingolstadt

Tel.: 0841/3052804

www.kidnetting.de

KULTUR

BRAUCHTUM

Jede Kultur hat verschiedene Bräuche, die sich in bestimmten Zeitabschnitten wiederholen. Einige dieser traditionellen Bräuche kennst du sicherlich. Die meisten kehren jedes Jahr um eine bestimmte Zeit wieder, wie z. B. das Dreikönigssingen, Fasching, der Aprilscherz oder auch das Aufstellen eines Maibaums. Viele dieser Feste sind mit verschiedenen Volkstänzen, wie z. B. dem Schäfflertanz oder Musik verbunden. Auch heute noch werden diese Bräuche auch in Ingolstadt gepflegt. Neben vielen Volkstanz- und Theatergruppen gibt es auch viele Vereine und Institutionen, die die Volksmusik und die Bayerische Mundart pflegen. Seit Jahrhunderten werden diese über-

lieferten Bräuche gesammelt, aufgehoben und weitergegeben, damit sie nicht in Vergessenheit geraten. Hier in Ingolstadt gibt es auch für dich zahlreiche Möglichkeiten, diese alten Traditionen wie Volkstanz oder Mundart zu erlernen und so die Tradition fortzuführen. Informieren kannst du dich auf der Stadtseite www.ingolstadt.de. Dort findest du die Kontaktadressen zahlreicher Vereine und Gruppen, die auch auf Veranstaltungen der Stadt Ingolstadt auftreten.

MUSIK

Genauso wie die bildende Kunst begleitet die Musik die Menschen durch alle Epochen. Die frühesten zum Musizieren hergestellten Instrumente sind Knochenflöten, die ungefähr 35.000 Jahre alt sind. Experten behaupten aber, dass die Musik schon lange vorher zum Leben der Menschen gehörte. In der Zeit als Ingolstadt entstand, wurde hauptsächlich in Kirchen und Klöstern gesungen, um Gott zu loben. Aber auch an den Höfen der späteren Herzöge liebten die Menschen musikalische Unterhaltung. Heute gibt es zahlreiche Musikrichtungen wie zum Beispiel klassische Musik, Volksmusik, Jazz, Rock, Pop und vieles mehr.

Wer gerne klassische Musik näher kennen lernen möchte, kann eines der Kinderkonzerte des Georgischen Kammerorchesters besuchen. Dieses wurde 1964 in Georgien gegründet und ließ sich 1990 in Ingolstadt nieder. Bei vielen Musikern des Orchesters kann man auch Unterricht nehmen. Denn noch schöner als Musik hören, ist Musik machen! Auch hier gibt es in Ingolstadt zahlreiche Angebote für Kinder und Jugendliche.

Jazzfreunde Ingolstadt e.V.

Einen Wegweiser in die große weite Welt des Jazz für Jugendliche bietet in Ingolstadt der Verein der Jazzfreunde e.V. an, vor allem mit seiner Reihe „Young Jazz Players In Concert", bei der sich regelmäßig Kinder und Jugendliche zu einer offenen Bühnen treffen: Mitspielen kann dabei jeder, der sich traut und mag. Auch Improvisationsworkshops für junge Jazzer organisiert der aktive Verein.

Infos unter www.jazzfreunde-ingolstadt.de
Wir freuen uns auf neue Jazzfreunde jeglichen Alters!
Eure Jazzfreunde aus Ingolstadt!

KULTUR

Die Ingolstädter Nachtigallen

Wenn Ihr gerne singt, dann schaut doch mal bei einer der Proben der Ingolstädter Nachtigallen vorbei. Wir sind der größte Kinder- und Jugendchor der Region. Es gibt drei Chorgruppen: die Minis, die Maxis und die großen Nachtigallen. Unsere Proben- und Konzerttermine findet ihr unter www.ingolstaedternachtigallen.de

TANZ

In der Geschichte der Menschheit gehörte der Tanz schon immer zu den Traditionen der verschiedenen Völker. Aus diesen traditionellen Tänzen haben sich im Lauf der Geschichte unzählige Tanzformen entwickelt. Tanzte man früher hauptsächlich aus religiösen Gründen, gibt es heute viele Tanzarten, die unterhalten und Spaß machen sollen, oder in denen man sich selbst ausdrücken kann. Volkstänze, Turniertanz, Ballett, Breakdance, Flamenco, es gibt unglaublich viele Arten zu tanzen. Auch das Angebot in Ingolstadt ist sehr groß und vielfältig. Neben zahlreichen Sportvereinen die verschiedene Tanzformen anbieten, gibt es auch Tanzschulen, die Kurse und Workshops anbieten. Adressen unter www.ingolstadt.de.

Städtische Simon Mayr Sing- und Musikschule Ingolstadt

Musik, Musik, Musik … wer von Euch hört nicht gerne Musik? Aber es gibt noch etwas, das schöner ist als Musik hören: Musik machen! Wenn du davon träumst, in einer Band E-Gitarre zu spielen oder in einem Chor zu singen oder auf dem Klavier „Für Elise" zu spielen, dann bist du an der Simon Mayr Sing- und Musikschule richtig! Hier kannst du jedes Instrument lernen! Über 50 Musiklehrer bieten vom Akkordeon bis zum Saxofon, von der Klassik bis zur Rockmusik jeden erdenklichen Unterricht an. Auch einige ungewöhnliche Instrumente sind dabei, z.B. die Saz, die türkische Gitarre. Außerdem gibt es die Sparte „Ballett und Tanztheater". Auch Eure kleinen Geschwister sind an der Musikschule willkommen, in der musikalischen Früherziehung singen und tanzen die Kinder, hören und machen Musik und lernen die Instrumente kennen.

An der Simon Mayr Sing- und Musikschule spielt das Miteinandermusizieren eine große Rolle, von kleinen Musiziergruppen bis zum Musikschulorchester oder dem Gospelchor gibt es viele Möglichkeiten, in verschiedenen Ensembles mitzuspielen.

Das Hauptgebäude der Musikschule befindet sich zentral gelegen im Turm Baur, zudem unterhält die Musikschule in vielen Stadtbezirken Ingolstadts zusätzliche Außenstellen. Die Musikschule erteilt in den meisten städtischen Kindertageseinrichtungen musikalische Frühförderung.

Simon Mayr Sing- und Musikschule
Brückenkopf 3, Turm Baur, 85051 Ingolstadt
Telefon: 0841/305-1900
musikschule@ingolstadt.de
www.musikschule.ingolstadt.de

Faschingskonzert 2009 in der Fronte '79: „Auf hoher See"

KULTUR

LITERATUR

Seit 1995 veranstaltet das Kulturamt Ingolstadt im Rahmen der Literaturtage einen Schülerschreibwettbewerb. Schülerinnen und Schüler können zu einem vorgegebenen Thema eine selbstgeschriebene Geschichte einreichen. Für die Gewinner gibt es natürlich auch eine Siegerehrung, bei der die Preisträger dann auch ihre Geschichten vorlesen.

Auch von den Büchereien gibt es viele Angebote für Schreib- und Lesefreudige. Neben den städtischen Büchereien haben auch viele Pfarrgemeinden öffentliche Büchereien. Einfach mal in deiner Nähe nachfragen!
Wer sich zum Thema Ingolstadt besonders genau informieren möchte, kann zum Beispiel auch die Wissenschaftliche Stadtbibliothek im Stadtmuseum besuchen.

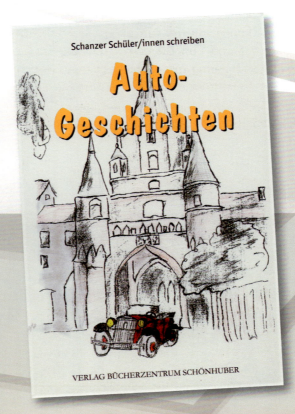

Stadtbücherei Ingolstadt

Die Stadtbücherei findest du in einem der ältesten und bekanntesten Gebäude Ingolstadts: im Alten Schloss. Nicht nur das Haus selbst kann eine lange Geschichte erzählen. Du darfst dort auch in Geschichten schmökern, Spiele spielen oder auch Hausaufgaben machen.

Viele Bücher kannst du kostenlos oder gegen eine geringe Gebühr ausleihen. Wie wäre es zum Beispiel mit einem Bilderbuch für deine kleine Schwester oder ein spannendes Sachbuch über Piraten? Aber auch DVDs, Musiknoten, Jugendkrimis, Brett- und Konsolenspiele kannst du dort finden. Verschiedene Aktionen für Kinder bringen Spannung und Spaß in deine Freizeit. Es ist für jeden etwas dabei: Wettbewerbe wie Geburtstagsrätsel, Theateraufführungen, Bastelprogramme oder Kriminächte.

Komm doch einfach einmal vorbei und lass dir deinen eigenen Auweis ausstellen. Übrigens kannst du mit ihm auch die Stadtteilbücherei im Schulzentrum Südwest und den Bücherbus nutzen. Und dann steht einem spannenden Nachmittag mit abenteuerlichen Geschichten rund um Harry Potter und Freunden nichts mehr im Weg.

Einfach vorbeikommen und Ausweis ausstellen lassen!

Bücherei im Herzogskasten Schul- und Stadtteilbücherei Südwest
Bücherbus Schulmedienzentrale

Herzogskasten:
Hallstraße 2-4,
Tel.: 0841/305 3839

Stadtteilbücherei im
Schulzentrum Südwest
Tel.: 0841/305 3823

www.ingolstadt.de
/stadtbuecherei

KULTUR

THEATER

Im Theater Ingolstadt gibt es jedes Jahr einige Stücke für Kinder und Jugendliche, über die ihr euch im aktuellen Spielplan informieren könnt. Manche von euch würden aber vielleicht gerne einmal hinter die Kulissen schauen oder selbst einmal Theater spielen.

Die Theaterpädagogik richtet sich an Schüler, Lehrer und Theaterinteressierte. In einer Vorbereitung mit eurer Schulklasse, einem Workshop im Klassenzimmer, in einem Gespräch mit Schauspielern, Dramaturgen und Regisseuren oder in einer Führung durch das Theater habt ihr die Möglichkeit das Theater, die laufenden Produktionen und die Arbeitsweise eines Theaters zu entdecken. Neben den schulischen Angeboten gibt es am Theater Ingolstadt für Kinder und Jugendliche die Möglichkeit selbst Theater zu spielen. In einem Ferien- oder Wochenend-Workshop oder regelmäßig in einem Spielclub, der mit einer Aufführung im Theater abschließt, habt ihr die Chance einmal selbst auf der Bühne zu stehen und richtige Theaterluft zu schnuppern.

Theater Ingolstadt
Schloßlände 1
85049 Ingolstadt
Tel.: 0841/305 47 241
E-Mail: gabriela.gillert@ingolstadt.de
www.theater.ingolstadt.de

MUSEEN IN INGOLSTADT UND UMGEBUNG

In diesem Buch hast du nun schon sehr viel über die Geschichte von Ingolstadt erfahren. Dieses ganze Wissen wurde viele Jahrhunderte lang gesammelt, ergänzt und aufgehoben. Immer wieder werden bei Ausgrabungen neue Entdeckungen gemacht, die uns helfen das Geheimnis der Geschichte zu lüften. Manchmal finden Archäologen Beweise, die uns bestätigen, dass bestimmte Begebenheiten in der Geschichte passiert sind. Manchmal entdecken die Wissenschaftler aber auch, dass Dinge, die sie lange für richtig gehalten haben, eigentlich anders gewesen sein müssen.

Um all diese Fundsachen und Beweise sammeln und den Bewohnern der Stadt zeigen zu können, braucht man natürlich einen passenden Ort. Die Sammlungen zur Geschichte Ingolstadts und Umgebung von der Urzeit bis Heute findet man in verschiedenen Museen. Es lohnt sich sicherlich sie zu besuchen und viele machen tolle Aktionen für Kinder, bei denen man Geschichte richtig erleben kann.

Aktuelle Öffnungszeiten und Eintrittspreise erfahrt ihr auf den jeweiligen Internetseiten der Museen.

Stadtmuseum Ingolstadt
Kinder- und Spielzeugmuseum

Kennst du das Geheimnis des Bernsteincolliers? Wolltest du schon immer einmal als Römerkind verkleidet die Spiele der damaligen Zeit ausprobieren? Oder möchtest du dich doch lieber wie eine Prinzessin vergangener Jahrhunderte mit Puder und Perücke bewaffnet auf Spurensuche machen, um mehr über das Leben in unserer Stadt vor 300 Jahren zu erfahren? Im Stadtmuseum Ingolstadt findest du viele spannende Dinge, die vom Leben der Kinder und Erwachsenen, der Römer und Ritter, der Steinzeit- und der Stadtmenschen von früher erzählen.

Hier warten viele wertvolle und seltene Dinge darauf, von dir entdeckt zu werden. Geschichte muss nicht trocken und langweilig sein. Gemeinsam gehen wir spannenden Geheimnissen auf den Grund, probieren Dinge aus und basteln lustige Gegenstände für zu Hause.
Im Stadtmuseum befindet sich übrigens auch das Kinder- und Spielzeugmuseum, in dem du Spielzeug deiner Großeltern bestaunen und auch selbst ausprobieren kannst.

Stadtmuseum
Ingolstadt

Mit dem Zeitreisepass durchs Stadtmuseum

Schnapp dir den Zeitreisepass! Der Rätselbogen mit vielen spannenden Fragen führt dich durch die verschiedenen Epochen des Stadtmuseums. Immerhin gibt es mehr als 3000 Jahre Geschichte zu entdecken – ein lehrreicher Rätselspaß für dich, deine Freunde und deine Familie. Wer die sechs Lösungswörter in den Zeitreisepass eingetragen hat, bekommt eine kleine Belohung.

Das Programm

Das Stadtmuseum Ingolstadt bietet seine museumspädagogische Aktionen ganzjährig an. Eingeladen sind vor allem Kinder vom Vorschul- bis zum Teenageralter.
Mit altersgerechten Themenangeboten gibt es 300 Jahre Geschichte. Dazu gibt es altersgerechte Themenangebote.

Spielzeugmuseum

„Du darfst alles anfassen" lautet das Motto des neu gestalteten Spielzeugmuseums. Vom mittelalterlichen Tonpüppchen bis zum Gameboy ist alles da. Am Wochenende gibt es regelmäßig Veranstaltungen wie Theater- und Eisenbahnvorführungen für die ganze Familie.

Aktionen für Kinder

Führungen, Programm mit Bastelaktion, Geburtstage (Museumsrundgang + Basteln), Museum im Koffer: Hier kommt das Museum in die Kindergärten und Schulen.

Weitere Aktionen: Museumsfest, Kinderprogramme zu den Sonderausstellungen, zum Internationalen Museumstag und zur Nacht der Museen.

Auf der Schanz 45
85049 Ingolstadt

Tel.:
08 41/3 05-18 81,
08 41/3 05-18 85

stadtmuseum@ingolstadt.de

Stadtbmuseum Ingolstadt

Das Medizinhistorische Museum

as Medizinhistorische Museum in der Anatomiestraße war im 18. Jahrhundert ein Gebäude der Universität Ingolstadt, in dem zukünftige Mediziner ausgebildet wurden. Heute sind in dem Haus über 1000 Gegenstände zur Geschichte der Medizin von der Antike

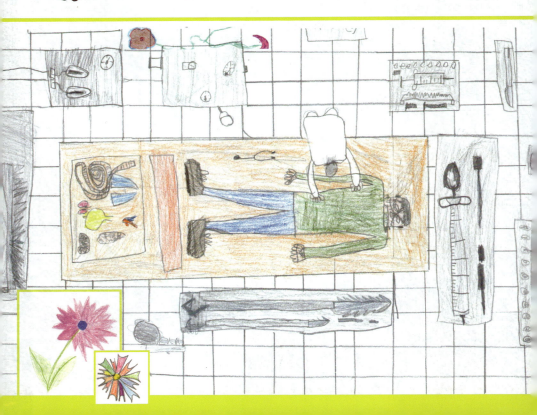

Apian Gymnasium Ingolstadt

bis zur Gegenwart ausgestellt, z.B. eine Herz-Lungen-Maschine oder Werkzeuge von Wundärzten aus vergangen Jahrhunderten. Beeindruckend sind auch die Räume selbst, etwa der ehemalige Anatomiesaal mit einem bilderreichen Deckenfresko. An das Museum schließt sich ein Botanischer Garten an, in dem über 150 Heilpflanzen besichtigt werden können.

Deutsches Medizinhistorisches Museum – in der Alten Anatomie
Anatomiestraße 18 - 20
D-85049 Ingolstadt
Tel.: 08 41/305 – 28 60
Fax: 08 41/305 – 28 66
E-Mail: dmm@ingolstadt.de

Klasse 5e / 5g

Bauerngeräte-museum Hundszell

Wolltest du schon immer einmal dein eigenes Brot backen? In einem richtigen Holzofen mit richtigem Feuer? Oder auch einmal deine eigene Butter schlagen – schneller, als deine Eltern es für möglich halten würden und leckerer als die Butter aus dem Supermarkt?

Im Bauerngerätemuseum Hundszell kannst du all dies im Rahmen von Kindergeburtstagen und Kinderführungen selbst ausprobieren. Aber nicht nur das. Wie wäre es mit einem Waschtag wie zu Omas Zeiten? Mit Wäschestampfer und Reibbrett kann Wäsche waschen heute auch richtig Spaß machen. Und dabei entstehen mehr Seifenblasen als in Mamas Waschmaschine. Auch bei einem Spieltag auf dem Bauernhof ist für lustige Unterhatung und Abwechslung gesorgt. Dort lernst du viele spannende und fantastische Spiele aus früheren Zeiten kennen und darfst sie natürlich auch gleich selbst ausprobieren. Also komm doch einfach einmal vorbei und entdecke selbst, welche Überraschungen auf dich im Bauerngerätemuseum warten.

Probststraße 13
85051 Ingolstadt-Hundszell
Tel. 0841/305-1885
bauerngeraetemuseum@ingolstadt.de
www.ingolstadt.de/stadtmuseum

Bauerngerätemuseum
Ingolstadt

Fleißerhaus

Wer war Marieluise Fleißer? Was hat es mit dem Fleißerhaus auf sich? War sie glücklich in diesem Haus? Welchen Beruf hatte ihr Vater? Wie sah das Leben Anfang des 20. Jahrhunderts aus? Was war damals los in der Kupferstraße?

Fragen über Fragen, auf die wir gemeinsam viele und spannende Antworten finden werden. Ausgehend von Marieluises Erzählung Kinderland tauchen wir in die Welt der kleinen Marieluise ein. Zurückversetzt in die Zeit um 1910 lernen wir die Handwerker der Kupferstraße, aber auch die Kinderspiele der damaligen Zeit kennen.

Fleißerhaus
Ingolstadt

Kupferstraße 18
85049 Ingolstadt
Te.: 08 41/3 05-18 85
www.ingolstadt.de

MUSEUM FÜR KONKRETE KUNST

Die Museumspädagogik des Museums für Konkrete Kunst bietet Spielführungen oder mehrteilige Projekte für Kindergärten, Schülerführungen, Gespräche vor Kunstwerken, Kinderateliers, Familienveranstaltungen und vieles andere mehr an. Kinder zwischen sechs und zwölf Jahren haben außerdem die Möglichkeit, ihren Geburtstag im Museum zu feiern.

Kleine und große Besucher sind herzlich eingeladen, bei einer spannenden Entdeckungsreise durch das Museum die Kunstrichtung der Konkreten Kunst kennen zu lernen. Dabei werden Bilder untersucht, die ausschließlich aus geometrischen Formen bestehen, optische Täuschungen „unter die Lupe" genommen und verschiedene Farben in ihrer Wirkung verglichen. Die ausgestellten Werke werden also unter Anleitung aktiv erkundet, alle Besucher erhalten eine „Schule des Sehens".

Nach dem Rundgang durchs Museum steht meist noch ein Besuch der Werkstatt an, wo eigene praktische Erfahrungen gemacht werden.

ANGEBOTE:
- Spielführungen für Kindergärten und Schüler mit oder ohne Museumswerkstatt
- mehrteiliges Projekt für Kindergärten
- Kindergeburtstag im Museum
- Kinderateliers am Wochenende
- Familienveranstaltungen
- Ferienprogramme; Beteiligung am Ingolstädter Ferienpass
- Programm bei der Nacht der Museen im September
- Rundgänge durch den Skulpturengarten

und viele mehr...

Lechner Museum
Ingolstadt

VIELLEICHT HABT IHR SCHON EINE GESEHEN?

Eine Stahlskulptur von Alf Lechner. Denn sie sind nicht nur im Museum, sondern auch an anderen Orten in Ingolstadt zu finden, z. B. im Klenzepark oder vor dem Stadtmuseum. Wer mehr über diese oft tonnenschweren, manchmal rostigen Stahlskulpturen und über die Denk- und Arbeitsweise Alf Lechners erfahren möchte, sollte sich auf den Weg ins Lechner Museum machen.

Lechner Museum Ingolstadt

KINDERGÄRTEN
Kleine Museumsbesucher lernen die Kunst des Stahlbildhauers Alf Lechner auf spielerische Weise kennen, dabei werden die Skulpturen mit mehreren Sinnen wahrgenommen.

SCHULEN
Von der Grundschulklasse bis zum Leistungskurs – alle Schüler sind herzlich eingeladen sich mit kundiger Begleitung der Kunst Alf Lechners zu nähern.

KINDERGEBURTSTAG
Geburtstagskinder zwischen sieben und zwölf Jahren können das Museum mit ihren Gästen entdecken und gemeinsam ein kleines Kunstwerk gestalten.

SKULPTURENPARK
Regelmäßig finden Kombi-Veranstaltungen statt, bei denen die Besucher nach einem Rundgang durchs Museum auch den Skulpturengarten in Obereichstätt besuchen können.

Aktuelle Termine und weitere Infos entnehmen Sie bitte der Tagespresse, unserer Homepage oder fragen Sie telefonisch nach.

Esplanade 9
85049 Ingolstadt
Tel.: 0841/305225-0
oder 0841/305225-2
info@lechner-museum.de
www.lechner-museum.de

Heinrich-Stiefel-Schulmuseum an der Wirtschaftsschule Ingolstadt
Brückenkopf 1 / Haus D, 85051 Ingolstadt, Tel. 0841/96691-0
Öffnungszeiten: in der Schulzeit oder ruft uns an und macht eine Zeit mit uns aus. Wir machen auch Führungen!

Heimatmuseum Niemes-Prachatitz

Das Heimatmuseum Niemes-Prachatitz im Pedellhaus beherbergt die Heimatsammlungen der Stadt Niemes in Nordböhmen und des im Böhmerwald gelegenen Landkreises Prachatitz. In den sechs Räumen des restaurierten ehemaligen Pedellhauses der Hohen Schule – Bayerns Landesuniversität von 1472–1800 – gewinnt der Besucher einen Einblick in die Lebensweise der Niemeser und Prachatitzer.

Hohe-Schul-Str. 2
85049 Ingolstadt
Tel.: 0841/38311

Kinderwoche

Aus welchen Teilen besteht ein Auto und wie wird es eigentlich zusammengebaut? Das und noch viel mehr erfahrt Ihr bei einer unserer Führungen durch die Produktion in der Kinderwoche. Diese findet in der ersten vollen Woche jedes Monats statt. Zusätzlich könnt Ihr Euch im Audi museum mobile Fahrzeuge aus vergangenen Zeiten anschauen und Abenteuertouren durch Sonderausstellungen machen. So werdet Ihr die Geschichte der Traditionsmarke Audi und die Entstehung der Vier Ringe durch Spiele und andere Mitmachaktionen kennenlernen.

Erlebnisweg für künftige „Audi Experten"

Ein richtiger Experte in Sachen Audi wird, wer sich auf den Besucherweg speziell für Kinder und Jugendliche begibt. Mit multimedialen Wissensspielen und innovativen Fahrsimulationen könnt ihr die Themenwelten rund um Audi erkunden. Auf dem Erlebnispfad sind die verschiedensten Fähigkeiten gefragt. Stellt im „Audi Speed Circle" eure Geschicklichkeit unter Beweis oder testet beim „Audi Quiz" euer Wissen über die Automarke. Ladet euch Motor-Sounds für Klingeltöne, Videos und Clips an unserer Downloadstation herunter.

Auf Erlebnistour im Audi Forum Ingolstadt

Lasst uns gemeinsam die Welt der vier Räder und der Vier Ringe entdecken!
Das Audi Forum Ingolstadt lädt Euch mit vielen abwechslungsreichen Aktionen zum Mitmachen ein.

Audi Forum Ingolstadt

Ihr findet das
Audi Forum Ingolstadt
an der Ettinger Straße,
85045 Ingolstadt

Alle Informationen
gibt es unter
www.audi.de/foren oder
unter der Info-Hotline
0800/283-4444

Musik zum Anfassen – die Kinderkonzerte

Spitzt Eure Ohren und lauscht den Klängen der Musik! Aufregende Abenteuer und märchenhafte Erzählungen warten auf Euch. Die Kinderkonzerte während der Audi Sommerkonzerte im Audi museum mobile erzählen Geschichten nicht nur mit Worten, sondern auch mit viel Musik. Ihr seid aber nicht zum Zuhören allein eingeladen. Probiert die Instrumente selbst aus und entdeckt die Vielseitigkeit der Musik.

Kinder- und Jugendprogramm auch im Kino

Mit dem wechselnden Kinderprogramm jeden Samstag und Sonntag sorgt das beliebte Audi Programmkino für jede Menge Spaß für die ganze Familie.

Bayerisches Armeemuseum

Das Bayerische Armeemuseum gibt es schon sehr lange. Denn bereits 1879 gründete König Ludwig II. in München ein Museum, das sich der Geschichte der Königlich Bayerischen Armee widmete. Mit ein paar alten, großen Kanonen fing alles an. Du kannst sie noch heute im Innenhof des Neuen Schlosses bestaunen.

Aber zurück nach München: Im Zweiten Weltkrieg trafen Bomben das Gebäude, in dem das Armeemuseum untergebracht war. Viele wertvolle Ausstellungsstücke gingen damals verloren. Die Museumsmitarbeiter machten sich auf die Suche nach einem neuen Zuhause für das Museum und seine Objekte. Und so eröffnete das Armeemuseum 1972 im Neuen Schloss in Ingolstadt. Es erzählt von der Militärgeschichte Bayerns aus der Zeit von etwa 1200 bis 1871.

Sehen kannst du dort viele spannende Dinge wie Ritterrüstungen, Schwerter oder Uniformen der bayerischen Soldaten und Könige. Das Zelt des osmanischen Sultans ist über 300 Jahre alt und war über die Jahrhunderte schon ziemlich kaputt gegangen. Es dauerte über 44.000 Stunden, bis es die Museumsmitarbeiter wieder so schön repariert hatten, wie es heute dasteht.

Mittlerweile gibt es auch eine kleine Zweigstelle des Museums im Reduit Tilly im Klenzepark. Dort erfährst du alles über den Ersten Weltkrieg und seine Vorgeschichte seit 1871. Die Ausstellung gilt als einzigartig in ganz Deutschland.

Bayerisches
Armeemuseum
im Neuen Schloss
Paradeplatz 4
85049 Ingolstadt
Tel.: 0841/9377113
E-mail: sekretariat@bayerisches-armeemuseum.de
www.bayerisches-armeemuseum.de

kelten römer museum manching

„Zu den Waffen" heißt es zu Beginn einer Kinderführung. So ausgerüstet entdeckt Ihr die Welt der Kelten und Römer!

Im kelten römer museum manching wird euch von Archäolog/-innen alles genau erklärt. Ihr könnt aber auch selbst mit einem Audioguide das Museum erkunden.

Wo versteckt sich wohl der geheimnisvolle Hirsch? Finde ihn und andere spannende Objekte im Museum!

Feiere Deinen Geburtstag bei uns, zuerst verkleidet Ihr euch, dann wird gebastelt, beispielsweise eine Anstecknadel in der Form einer Taube.

Wie Ihr seht, spielten auch die Römer und Kelten schon gerne. Schulklassen können nach einer Führung durch die Ausstellung römische Spiele, eine Museums-Rallye und vieles mehr machen.

Einmal im Monat bieten wir die „Offene Museumswerkstatt" mit Führung und anschließendem Bastelprogramm an. Oder kommt zu unserem Ferienangebot mit römischem Essen am Lagerfeuer sowie zu unseren Aktionstagen.

Kelten Römer Museum

kelten römer museum
Im Erlet 2
85077 Manching
Tel.: 08459/32373-0
Fax 08459/32373-29
E-Mail: info@museum-manching.de
www.museum-manching.de

Museen in Ingolstadt und der Umgebung

ALTMANNSTEIN

Waffen- und Hammerschmiede
Bei regelmäßigen Schmiedevorführungen kann man das Dröhnen der alten von Wasserrädern angetriebenen Fallhämmer wieder hautnah erleben.

Schambachweg 3
OT Hexenagger
93336 Altmannstein
Tel.: 09442/1386, Fax: 09442/1386
www.altmannstein.de

BEILNGRIES

Spielzeug & Figuren Museum anno dazumal
Von Eisenbahnen bis zum Blechspielzeug, von Puppenküchen bis zum Tretauto: Raritäten und altes Spielzeug jeder Art.

Hauptstraße 49
92339 Beilngries
Tel.: 08461/601176, Fax: 08461/9188
www.museen-anno-dazumal.de

DIETFURT

Altmühltaler Mühlenmuseum
Die letzte noch laufende Mühle im Altmühltal ist 540 Jahre alt und wird mit einer über 80 Jahre alten Wasserturbine angetrieben.

Hauptstraße 51
92345 Dietfurt
Tel.: 08464/209, Fax: 08464/9206
www.altmuehltalermuehle.de

EICHSTÄTT

Jura-Museum auf der Willibaldsburg
150 Millionen Jahre Geschichte erleben: mit Schauaquarien, Fossilien des Archaeopterix und Juravenator starki und Kinderangeboten.

Willibaldsburg
Burgstraße 19, 85072 Eichstätt
Tel.: 08421/2956, Fax: 08421/89609
www.jura-museum.de

Museum für Ur- und Frühgeschichte
Von der Steinzeit bis zum Frühmittelalter: Einen Schwerpunkt bilden die Tierskelette von Mammut, Höhlenhyäne und Rentier.

Willibaldsburg
Burgstraße 19, 85072 Eichstätt
Tel.: 08421/89450
www.museumfuerurundfruehgeschichte.de

Domschatz- und Diözesanmuseum
Mit einem Werkheft können Kinder die 1200-jährige Geschichte des Bistums erkunden; Kinderführungen und Workshops.

Residenzplatz 7
85072 Eichstätt
Tel.: 08421/50266, Fax: 08421/50269
www.bistum-eichstaett.de/dioezesan-museum

EITENSHEIM

Heimatmuseum Eitensheim
Unter Anleitung fertigen Kinder mit alten Geräten und Handwerkstechniken kleine Erinnerungsstücke für zu Hause fertigen.

Am Bachl 7
85117 Eitensheim
Tel.: 08458/8742
www.eitensheim.de

HITZHOFEN

Jura-Bauernhof-Museum in Hofstetten
Aktionen, ein Rundgang und ein Museumsspiel im historisch voll ausgestatteten Hof vermitteln einen Eindruck vom einstigen Leben der Bauern.

Schlossstraße 19
OT Hofstetten
85122 Hitzhofen
Tel.: 08406/276
www.jura-bauernhof-museum.de

KELHEIM

Archäologisches Museum der Stadt Kelheim
Steinbeile oder Schmuck aus Naturmaterialien basteln: Workshops und interaktive Führungen versetzen die Kinder in die Zeit der Neandertaler, Kelten und Römer.

Lederergasse 11
93309 Kelheim
Tel.: 09441/10492, Fax: 09441/176000
www.archaeologisches-museum-kelheim.de

Archäologiepark Altmühltal
Führungen, Aktionstage und Hörpunkte unterstreichen die beeindruckenden Rekonstruktionen des größten deutschen Archäologieparks zwischen Dietfurt und Kelheim. Informations- und Begegnungszentrum

Informationszentrum Naturpark Altmühltal
Notre Dame 1
85072 Eichstätt
Tel.: 08421/98760, Fax: 08421/987654
www.naturpark-altmuehltal.de

Kloster Weltenburg
Eine Diapanorama-Show erzählt vom Leben und Arbeiten der Mönche. In Miniatur fließt sogar die Donau durchs Besucherzentrum.

Asamstraße 32
OT Weltenburg
93309 Kelheim
Tel.: 09441/2040, Fax: 09441/204145
www.kloster-weltenburg.de

KINDING

Technikmuseum Kratzmühle anno dazumal
Der Einzug der Technik in Landwirtschaft,
Haushalt, Handwerk und Verkehr steht im
Mittelpunkt der sehenswerten Ausstellung.

Mühlweg 1
OT Kratzmühle
85125 Kinding
Tel.: 08461/9682, Fax: 08461/9188
www.museen-anno-dazumal.de

KIPFENBERG

Römer und Bajuwaren Museum / Infopoint Limes
Beim reichhaltigen Kinderprogramm kann man
u.a. in eine rekonstruierte Wachstube eintreten
oder einmal eine Römerrüstung anprobieren.

Burg Kipfenberg
85110 Kipfenberg
Tel.: 08465/905707, Fax: 08465/905708
www.bajuwaren-kipfenberg.de

MÖCKENLOHE

Römischer Gutshof „Villa Rustica"
Lebendiges Museum mit Funden, original rekonstruierte
Villa aus der Römerzeit und Wollschweine, Fjordpferde
und Schwarznasenschafe im Haustierpark zum Streicheln.

Tauberfelder Weg 1
OT Möckenlohe
85111 Adelschlag
Tel.: 08424/277, Fax: 08424/3877
www.roemervilla-moeckenlohe.de

PFÖRRING

Kleinhäuslermuseum im Marktturm
Liebevoll gestaltetes Museum über das
einfache Leben einer Kleinhäusler-Familie
mit Käthe-Kruse-Puppensammlung.

Lohr
Riedenburger Straße
85104 Pförring
Tel.: 08403/92920, Fax: 08403/929248

RIEDENBURG

Jagdfalkenhof Riedenburg
Ein atemberaubendes Schauspiel: die un-
glaublichen Flugkünste der Greifvögel vor
der mittelalterlichen Kulisse der Rosenburg.

Rosenburg
93339 Riedenburg
Tel.: 09442/2752, Fax: 09442/3287
www.falkenhof-rosenburg.de

Kristallmuseum
Farbenprächtige Turmaline, Edelsteine,
Silbererze und die mit acht Tonnen größte
Bergkristallgruppe der Welt laden ein.

Bergkristallstraße 1
93339 Riedenburg
Tel.: 09442/1811, Fax: 09442/1861
www.kristallmuseum-riedenburg.de

INGOLSTADT UND UMGEBUNG

Europäisches Donaumuseum
Kinder lernen hier, wie sich die Donaulandschaft
entwickelte und beobachten ökologische
Zusammenhänge.

Auf der Schanz 45
85049 Ingolstadt
Tel.: 0841/3051885 Fax: 0841/3051888
www.donaumuseum.de

Hallertauer Hopfen und Heimatmuseum
500 Exponate in 13 Räumen berichten
von Landwirtschaft, Handwerk und Brauchtum
bis hin zum Hopfenbau um Geisenfeld.

Rathausstraße 11
85290 Geisenfeld
Tel.: 08452/2143
www.heimatmuseum-geisenfeld.de

SCHROBENHAUSEN

Europäisches Spargelmuseum
Die Vielfalt des Museums reicht von Anbau-
geräten über Geschirre bis zu Gemälden zum
königlichen Gemüse aus über 30 Ländern.

Am Hofgraben 1a
Tel.: 08252/90985-0
86529 Schrobenhausen
www.schrobenhausen.de

PFAFFENHOFEN/WOLNZACH

Museum Kulturgeschichte der Hand
Anatomisch, rekordverdächtig, künstlich,
geheimnisvoll und sprechend: Schon verrückt,
was man mit Händen alles anstellen kann.

Am Brunnen 16, 85283 Wolnzach
Tel.: 08442/1654 (Museum)
Tel.: 084412/8213 (Verwaltung)
www.museum-der-hand.de

Deutsches Hopfenmuseum
Zeitreise mit allen Sinnen: Museumsrallye,
Hopfengerüste und -darren selber bauen
und ins Leben der Hopfenzupfer eintauchen.

Elsenheimerstraße 2
85283 Wolnzach
Tel.: 08442/8213
www.hopfenmuseum.de

LÖSUNGSSATZ

HERZLICHEN
1 2 3 4 5 6 7 8 9 10

GLÜCKWUNSCH
11 12 13 14 15 16 17 18 19 20 21

_ U M schanzi _ L _ U
22 23 24   25   26 27 28 29

DU BEKOMMST __ I U
30 31 32 33 34 35 36 37 38 39   40 41 42 43

Stadtmuseum   INGOLSTADT
        44   45

TIPP:
Wenn du die gekennzeichneten Buchstaben aus allen Rätseln hier einsetzt, wartet eine kleine Überraschung auf dich!

…und wenn du im Stadtplan genau suchst, findest du auch etwas über den Ort der Überraschung…
aber ich will dir nicht zu viel verraten…

HERZLICHEN DANK AUCH AN:

Das Stadtmuseum Ingolstadt. Das Buch wäre nicht ohne die große Unterstützung des Stadtmuseum–Teams, insbesondere Dr. Beatrix Schönewald zustande gekommen. Für die reibungslose und tolle Zusammenarbeit bei der Entwicklung des Geschichtstextes danke ich besonders Monika Schierl.

Das Bürgerhaus – vor allem Vera Krömer und Elizabeth Reyna für die gute Zusammenarbeit bei der Entwicklung des Stadtplans und den Kooperationsprojekten.

Gabriela Gillert von der Theaterpädagogik des Theaters Ingolstadt für die sehr gelungene Zusammenarbeit beim Illustrations-Theater-Workshop.

Das Team von Magenta 4 für die tolle grafische Gestaltung des Kunst und Kultur Führers.

Die Bürgerstiftung Ingolstadt, Stadtwerke Ingolstadt, Fahrrad Willner und die Betz Beteiligungsgesellschaft mbH.

Meine ganze Familie für die unermüdliche Unterstützung.

Beate Diao

AJA VERLAG
www.ajaverlag.de

Bisher im AJA Verlag erschienenen:

IM JAHR DER ATHLETEN
Nicole Leurpendeur

Mit Zeus bei den Olympischen Spielen. Ein Lese- und Bilderbuch für Groß und Klein
18 farbige Illustrationen nach antiken Motiven, 72 Seiten, 21 x 26 cm, gebunden mit Schutzumschlag
ISBN 978-3-938621-04-2

„Warum sind die Athleten alle nackt? Wozu ist das Diskuswerfen gut? Warum geben die Kampfrichter nicht das Ergebnis bekannt?" Dies sind nur einige der unzähligen Fragen, die Ganymend dem großen Göttervater Zeus stellt. Gemeinsam beobachten die beiden die Wettkämpfe, die alle vier Jahre zu dessen Ehren im Heiligtum von Olympia stattfinden...

Babylon
Nicole Leurpendeur, Babylon wird ausgegraben
Robert Koldeweys Expedition nach Mesopotamien 1898 – 1917
Eine fiktive Biografie, 144 Seiten mit Abbildungen
ISBN 978-3-938621-01-1

Babylon faszinierte die Menschen von jeher. Unzählige Legenden rankten sich um die einstige Weltstadt und Wiege der Gelehrsamkeit, bis der deutsche Archäologe Robert Koldewey sich vor mehr als 100 Jahren aufmachte, die berühmte Stadt am Euphrat auszugraben...

Gilgamesch-Epos
Nicole Leurpendeur, Das Gilgamesch-Epos
Nacherzählung mit Zeichnungen nach antiken Motiven
Reihe: Mythen der Antike Bd. 1, 96 Seiten
ISBN 978-3-938621-02-8

„Das Leben, das du suchst, wirst du nicht finden." Immer wieder muss Gilgamesch während seiner langen Reise diese Worte hören. Denn als die Götter den Menschen erschufen, bestimmten sie für ihn auch den Tod. Doch niemand vermag Gilgamesch von seiner abenteuerlichen Suche nach ewigem Leben abzubringen...

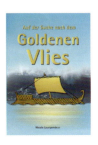

Argonauten-Epos
Nicole Leurpendeur, Auf der Suche nach dem Goldenen Vlies
Nacherzählung mit Zeichnungen nach antiken Motiven
Reihe: Mythen der Antike Bd. 2, 144 Seiten
ISBN 978-3-938621-03-5

Das Argonauten-Epos, das die Geschichte von Iason und dem Goldenen Vlies erzählt, trägt einen uralten märchenhaften Kern in sich. Es handelt von einem Helden, der auszieht, um in einem fernen unbekannten Land einen Schatz und eine Prinzessin zu gewinnen...